호감의 기술

성공한
스타에게서 찾은

호감의
기술

백현주 지음

스노우폭스북스

호감을 줄 수 있다는 것!

우리 주변을 둘러보면 딱히 눈에 띄지 않아도 주변에 동료나 친구들이 많아 빛 나는 사람이 있다. 그들은 같이 일하고 싶은 사람, 말이 잘 통하는 사람, 친해지고 싶은 사람이 된다. 이제 그들을 부러워하는 것을 멈추고 이 책의 탐독을 권한다.

사람은 혼자서 살 수 없는 존재며 인간관계를 통해 성장한다. 그런 측면에서 여러 사람에게 호감을 줄 수 있다는 것은 무엇보다 탁월한 능력이다.

호감이 방송계 종사자들에게 얼마나 중요한 문제인지 잘 안다. 하지만 호감은 일반 사회생활뿐 아니라 비즈니스를 하는 사람들에게도 반드시 갖춰야 할 사회적 무기이며 인간관계도 호감의 정도에 따라 관계의 깊이가 달라진다.

처음 본 순간부터 느낌 좋은 사람에게는 알 수 없는 다정함이 저절로 생기고 그와 이야기를 나눠보고 싶은 마음이

절로 든다. 하지만 아무리 좋은 인상이라도 그 내면이 밝고 건강하지 못하면 이내 호감은 일순간에 사라지고 만다.

그렇기에 진정한 의미의 호감, 내면과 외면이 균형을 이루기 위한 호감의 기술은 반드시 필요하다. 이것이 내가 이 책의 일독을 권하는 이유이다.

봉사단체에서 인연을 맺게 된 백현주 교수님은, 바쁜 생활 속에서도 열심히 봉사활동을 하는 사람 냄새와 인간미 넘치는 인생을 사시는 분이다. 그런 호감을 가진 저자가 자신의 경험과 관찰을 통해 얻은 노하우를 담은 책이니 더 귀한 지식이 아닐 수 없다.

2017년 5월
윤규선 AJ렌터카㈜ 대표이사 사장
재단법인 AJ장학재단 이사장

호감을 얻는 자기 PR법

옷은 내 취향과 성격, 내가 하는 일이나 선호하는 것, 등이 반영된다. 외모는 바깥세상에 보내는 1차적 표현이다. 그러니 체형의 단점을 보완하는데 신경쓰고 때와 장소, 분위기에 맞는 옷에 신경 쓴다.

더불어 얼굴형이나 윤곽에도 많은 공을 들인다. 근래 들어 포토제닉한 얼굴을 지나치게 선호하는 현상이 커진 탓도 있다.

젊은이들이 밀집된 지역이나 유행에 민감한 지역에 가면 비슷한 얼굴이 너무 많다. 결국, 연예인 얼굴의 일반화라고 볼 수 있다. 연예인 얼굴 따라잡기 유행이 '몰개성'이라는 부작용을 초래하는 것 같아 걱정이 된다. 그런 얼굴은 얼핏 보면 세련미가 느껴지기도 하지만 여러 번 봐도 어디선가 본 듯한 인상으로 다른 사람의 뇌리에 각인되지 못한다. 사실 사람의 개성은 얼굴형에 따라 뚜렷하게 나뉜다.

누구나 성격이 다르고, 입맛이 다르고, 취향과 체질이 다른 것처럼, 얼굴 모양이 다른 건 당연한 이치다. 하지만 많은 사람이 자신의 얼굴에 긍정하고 만족하기보다 오히려 뭔가 매우 부족하다고 느끼는 경우가 많다. 재밌는 사실은 연예인들조차, 누구도 자신의 얼굴이 작다는 것에 동의하지 않는다. 거기다 그렇게 예쁜 외모에도 만족하지 못하고 성형을 해 예전만 못하다는 평가를 듣기도 한다.

매력이란 얼굴 크기로만 가늠할 수 없는 문제인데 어쩌다 얼굴의 크기나 혹은 생김새로 사회에서 푸대접을 받는 일이 생기는지 씁쓸할 지경이다.

분명한 것은 자신의 타고난 외모를 자기만의 매력으로 승화시키는 노력이 필요하다는 점이다. 거기에 더해 좋은 인상을 풍기는 사람이 되는 일이다. 자신만의 개성을 가꾸며 살 때, 마치 잘 어울리는 근사한 옷을 입은 듯 편안하고 푸근한 인상을 줄 수 있다. 인상이 좋은 사람에게는 누구라도 마음의 빗장을 풀어버린다.

누구라도 다른 사람에게 나를 어떻게 각인시켜야 할지 생각해 봤을 것이다. 각인된다는 건 조직과 분야 어디에서든 나의 존재감이 드러났다는 말과 같다. 그러니 나에게 꼭 맞는 맞춤형 이미지 메이킹으로 자기 PR 법을 찾아야 한다. 그래야 호감을 얻을 수 있다.

나에게 가장 잘 맞고 어울리는 모습으로 거듭난 사람은 거북하지 않은 이미지와 인상을 준다. 그런 인상을 준 사람은 또다시 만나고 싶은 생각이 든다. 그렇게 인연을 이어주고 관계를 형성시켜주는 감정의 열쇠가 바로 '호감'이다.

나는 이 책에서 독자들이 궁금해하는 자기만의 이미지 메이킹을 어떻게 찾을 수 있는지 서술했다. 스타들의 이미지 메이킹과 자기 PR을 찾아 소개하고 이해를 더 해 갈 것이다. 미디어를 통해 대중들이 쉽게 접하게 된 스타들이 자

신을 알린 방법을 살펴보고 오랜 시간 어떻게 호감을 유지
했는지 살펴보자.

자기 PR(Public Relation)은 '다른 사람에게 나를 알리는 것'
이다. 그리고 이제 PR은 정치인이나 연예인, 프로 운동선수
같은 유명인들 외에도 모두에게 필요한 시대다. 거기에 더
해 돋보이는 리더십이 필요한 시대다. 리더는 천부적인 재
능을 타고난 한 사람이 상속받는 자리가 아니다. 지금은
그 누구라도 리더의 자리에 앉을 수 있는 가변의 시대, 가
능성이 열려있는 시대다. 그렇다면 내가 어떤 사람이고, 어
떤 리더가 될 수 있는지, 이를 위해 어떤 준비를 해왔는지
스스로 입증해야 한다는 얘기가 된다. 다만, 고민의 지점은
'어떻게 입증할 것인가'이다.

자기 PR에 가장 필요한 세 가지는 자기애와 준비, 그리
고 책임감이다.

자기애는 스스로 장점을 찾고 깨닫게 한다. 다시 말해 나
를 사랑하면 자신에 대해 관심을 갖게 되고 잘하는 것을

알게 된다는 의미다. 뜻밖에도 많은 사람이 자기애가 모자란 상태다. 자신을 좋게 여기기보다 열등감이나 질투, 불만족 같은 다소 부정적인 단어의 틀 안에서 사는 경우가 더 많다. 누가 나를 좋아해도 "너 같은 사람이 왜 나를…"이라고 비틀어 생각하고 필요 이상의 열등감에 사로잡힐 때도 많다.

건전한 열등감은 남과 비교해서 생기는 것이 아니라 '이상적인 나'와 '현실의 나'를 비교해서 생기는 것이다.

물론 사람에 따라 자신의 장점을 터득하는데 시차는 있으나, 자신의 장점을 깨우치는 순간, 자신감을 뛰어넘어 자존감과 포용력도 생긴다.

나의 장점을 외부에 알리는 과정에서 돌아오는 여러 피드백을 당당하게 받아들이며 성장하고 성숙해지는 내가 될 수 있다.

다음으로 필요한 요건이 준비다. 벼도 충분히 익어 고개를 숙여야 추수를 하듯이 무엇이든 내실이 튼튼해야 자신의 때를 맞이할 수 있다. 생로병사는 사람의 인체에만 유관

한 것이 아니다. 인체의 바이오리듬, 사람의 운명에도 생로병사가 있다.

운도 실력이라는 말이 있다. 하지만 그 운을 잡으려면 실력을 갖춰야 한다. 만반의 준비 없이는 운을 잡을 수 없다. 결과나 시간에 촉박해 하지 않고 묵묵히 나의 페이스를 유지하며, 내 목표를 준비해야 한다.

마지막으로 자기 PR에 필요 요건이 책임감이다. 이것은 특정 분야에서 소위 달인의 경지에 오르기 위해 투자하는 절대 시간이다. 「워싱턴포스트」 기자 출신 맬컴 글래드웰이 지난 2009년 발표한 『아웃라이어』에서 빌 게이츠, 비틀스, 모차르트 등 시대를 대표하는 천재들(아웃라이어)의 공통점을 설명하기 위해 제시한 개념이다. 이 책에서 저자는 성공의 비결을 타고난 천재성보다는 여건과 노력에 있다고 강조했다. 책임감으로 자신이 목표한 분야에 최선을 다한 사람은 언제 어떤 상황을 마주해도 자신의 실력에 자신감을 느낀다. PR에는 거품이 있어서는 안 된다는 뜻이다.

실력이 충분하고 그 실력에 대해 확신이 투철하면 나를 향한 왜곡된 편견이나 온갖 구설 속에서도 떳떳하다. 그렇게 나 자신의 진실된 모습과 실력을 입증할 수 있는 책임감이 견고해질 수 있다. 책임감은 세상이 어떤 논리로 나를 비틀어도 원칙대로 나를 보여주고 바로 세울 수 있는 원동력이다.

결론적으로 자기 PR은 그만큼 냉정한 잣대로 자신을 점검하는 작업이다. 잘나가던 정치인, 연예인, 스포츠인들이 사생활 관리에서, 혹은 거짓말이나 변명으로 추락하는 일을 종종 본다. 하지만 그들은 자기 PR에 성공했던 사람들이었고 대중을 이끌던 사람이기도 하다. 한때 잘나갔지만 그들이 자기 PR에 실패한 결정적 이유는 책임감의 부재다.

자기 PR을 고민하는 이들이라면, '나를 어떻게 알릴 것인가'의 고민과 함께 자기 관리에 책임감을 습관화해야 한다. 나 자신을 아끼고 긍정적으로 받아들이는 셀프 호감도 갖춰야 한다. 그것이야말로 진정한 자기 PR이다.

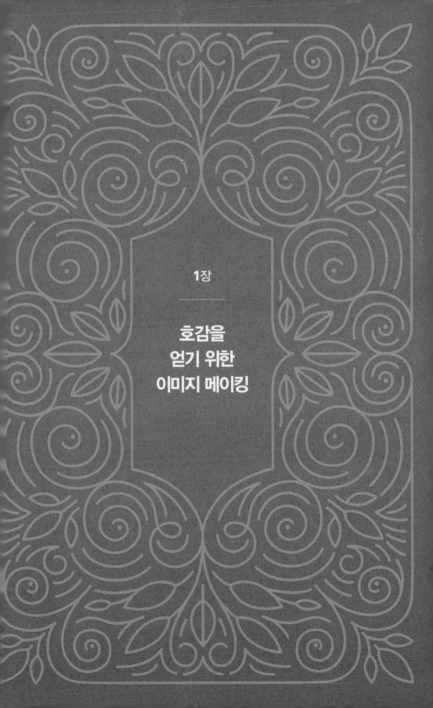

1장

**호감을
얻기 위한
이미지 메이킹**

호감을 얻고 싶으면
먼저 호감을 표현하자

필자가 진행한 설문조사(공인과 연예인에 대한)에서, '스타나 공인의 어떤 점에 호감을 느끼는가?'라는 물음이 있었다. 이 물음에 가장 많이 나온 답변은, 성격(37%)이었다. 근소한 차이로 외모 (35%), 방송 이미지 (34%) 순이 나왔다. 응답자 대부분 호감과 성격 그리고 이미지에 많은 비중을 두고 있었다.

마지막 문항에는, '이미지의 어떤 부분에서 주로 호감을 느끼는가?'라는 질문이 들어 있었다. 56% 참가자들은 '처신'이라고 답했다. 그중에도 '평소 처신'을 꼽았다. 32%의 응답자들은 '인상'에서 호감을 느낀다고 답했다.

대부분의 사람이 인상을 통해 호감의 감정을 느끼고 있었다.

내가 학창시절 무렵 우리나라 교육계 과제 중 하나는 어떻게 하면 일방적인 주입식 교육에서 벗어나, 학생과 교사가 생각을 주고받는 '쌍방 교육이 가능할까'였다. 아주 오랜 시간 우리나라 교육은 일방적으로 수업을 듣고 외우는 주입식 교육에 길들여 있었다. 토론과 발표 수업이 보편적이지 않던 시절이다. 그렇다 보니 자율적 토론으로 의견을 나누고 궁금한 점을 질문하고, 스스로 답을 발견해 가는 방식을 갖추는데 오랜 시간이 필요했다.

물론 지금도 모두 개선되지 못했다. 그나마 지금은 조별 과제를 받고 공통 주제를 탐구해 해법과 답안을 창출하는 교육이 보편화 됐지만 1990년대에도 이런 교육 방식은 거의 없었다.

남들 앞에서 내 생각을 말하고 다른 사람의 생각을 듣는 일은 어딘지 매우 쑥스러운 일처럼 느껴지곤 했다. 그런 교육 생태계에서 유년을 보낸 많은 사람은 상대보다 감정을 먼저 표현하는 일을 낯설어 할 수 밖에 없다. 친해지고 싶

호감의 기술

은 친구가 있어도 가까이 다가가는 방법을 몰라 혼자 마음
졸여 했다.

하지만 어린 시절 교육 탓만 하고 있을 수 없다. 낯설고
부담스러워도 먼저 다가가 관심을 표하고 호감을 보이면
상대도 나에 대한 호감이 생긴다. 호감은 쌍방향 성질을
갖고 있어 상대가 나를 좋아하면 나도 그가 싫지 않다. 특
별한 케이스가 아닌 이상 호감은 서로 주고받게 돼 있다.
그렇게 돈독해지면 인간관계가 성립된다. 4차원적인 사고
가 아닌 이상, 가식이 아닌 이상, 반전의 처신이 없는 이상,
호감은 한번 생성되면 오래 지속되는 속성이 있다. 좋게
시작된 관계는 그만큼 오래도록 잘 유지될 수 있다는 의
미다.

호감은 크게 두 가지 면이 있다. 하나는 대인관계 속 관
계 지속의 필요에 의한 호감이고, 다른 하나는 어떤 관문을
통과하기 위한 면접단계 통과용 호감이다. 대인관계는 가
족 관계, 친지 관계, 친구 관계, 직장 관계, 선후배, 동아리
관계 등 다양한 관계를 포함하는 큰 틀이다. 이런 경우 인
간관계를 잘 맺어가는 것은 성공의 필수 요소다. 더불어 호

감의 또 다른 부면인 관문 통과 역시 성공의 첫 단계에 꼭 필요한 필수 요소다.

호감을 잘 이끌어가고 유지하는 사람이 성공적인 인생을 살 수 있기에 호감은 매우 중요하다. 내가 먼저 표현하고 다가가 상대가 가진 호감이라는 감정을 리드하기 위해 우선 고려해야 할 다른 하나는 객관적으로 보이는 나의 모습이다. 내가 어떤 사람으로 보이고 있는지 마치 거울 보듯 끄집어내어 내 개성과 이미지를 정립해야 한다. 내가 어떤 모습으로 보이는 사람인지에 따라 상대가 내 호감의 감정을 받아들일 수도 있고, 오랫동안 받아들이지 않을 수도 있다. 내가 어떤 모습으로 보이고 싶은지를 결정하고 그것을 이루는 과정이 바로 이미지 메이킹이다. 이미지 메이킹은 자연의 나를 다듬는 것이라 할 수 있다.

토지도 갈고 닦아 논밭이 된다. 때론 집을 짓는 대지가 되고 더 큰 빌딩을 짓는 곳도 된다. 창고가 될 수도 있고 빈 공간이 돼버릴 수 있는 것처럼 쓰임새에 맞게 바뀐다. 그저 흙과 풀, 바위로 덮인 것처럼 보여도 갈고 닦은 뒤 모습은 천차만별이다. 이처럼 이미지 메이킹은 타고난 나를 사회 속에서 갈고 닦아 매력적인 나로 거듭나게 하는 과정

호감의 기술

이다. 성공적인 삶을 살기 위해 반드시 사회에 진출하기 시작할 무렵, 혹은 어떤 조직 속에 구성원으로 들어갈 무렵, 선행해야 할 일이 이미지 메이킹이다.

성실하게 내 분야에서 '실력을 갈고 닦으면 되지 않느냐' 묻는 사람도 있을 것이다. 그러나 세상은 혼자 사는 곳이 아니다. 안방 대장으로 살다 끝날 인생이라면 모를까 세상의 주역이 되기 위해서는 무엇보다 이미지 메이킹 단계는 반드시 필요하다. 나의 성실 여부와 능력, 실력의 정도는 자격증과 성적 증명서 그리고 경력이 입증해 줄 수 있다.

하지만 호감이나 누군가에게 보이는 이미지는 다듬어 발전시키지 않으면 저절로 주어지지 않는다. 또한 같은 목표를 두고 입사나 합격을 위해 준비한 사람의 실력과 자격요건도 거의 비슷하다. 그러니 승패는 면접이라는 마지막 관문에서 갈린다.

면접은 그 조직에서 쓰이게 될 책임감과 적절한 실력, 준비과정의 성실도, 조직 내 인간관계에서 얼마나 조화롭게 융합할 수 있는지를 살핀다. 한 사람을 입체적으로 살피는 것 외에도 외모가 주는 첫인상, 첫 이미지 역시 평가에 적지 않게 반영된다.

그러므로 원하는 것을 이루고 목표하는 직장이나 위치에 진입하고 삶을 성공적으로 이끌기 위해서, 외적으로 보이는 나, 객관적으로 남에게 보이는 나를 어떻게 정립시킬 것인지의 기술이 중요하다. 이 모든 것이 바로 이미지 메이킹이다.

첫인상에서 상대가 호감을 느낄 수 있도록 단정하게 외모를 정돈하는 것은 당연하다. 하지만 지나치게 획일적인 단정함은 좋지 않다. 자신의 전체적인 이미지를 일일이 따져 장점을 부각시키고 단점을 보완하는 정도의 정돈을 권한다.

남에게는 어울려도 나에게는 부자연스러울 수 있기 때문에 자신에게 어울리는 것만 취해야 한다. 외모지상주의를 지양하자면서 외모에 대한 이미지 메이킹을 강조하는 이유는 비단 잘생기고 예쁨을 논하는 것이 아니기 때문이다. 이미지 메이킹과 외모의 수준으로 평가하는 사회적인 편견을 혼동해서는 안된다. 다만 첫인상이 좋은 사람, 인상이 안정적이고 무난해 보이는 사람, 성실하고 열정적인 사람으로 보이도록 자신의 개성에 맞게 장점을 키울 것을 강조하는 것이다.

잘생기고 예쁘지만 호감이 가지 않는 사람도 많다. 차가 워 보이고 왠지 이기적일 것 같은 느낌 때문에 가까이 가고 싶지 않은 사람도 많다. 그런 사람은 면접이나 협상에서 원 하는 결과를 얻는 데 실패할 확률이 높다. 오히려 한 팀으 로 일하기에 부담스러운 거리감을 주기도 한다.

사람에게도 특유의 색과 향이 있다. 따뜻한 색의 느낌, 부 드럽고 감미로운 향이 마음으로 느껴지는 사람이 바로 호 감형이다. 잘 생기고 예쁜데 인간미가 없는 사람은 비호감 이다. 꽃에 향기가 없는 것과 마찬가지다. 향기 없는 꽃에 는 나비가 들지 않는다. 사람의 마음도 그렇다.

만약 당신이 잘 생기고 예쁜 외모의 소유자라면 스스로 자아도취에 빠져 있어서는 안 될 것이다. 세상에서 가장 멋 진 사람은 자기 일에 열중하고 최선을 다하는 사람이다. 바로 실력자다. 키가 크든 작든, 날씬하든 뚱뚱하든, 잘생 겼든 못생겼든, 마음에는 정이 넘치고 맡은 일에 최선을 다 하는 사람이야말로 가장 호감 가는 사람이다.

맡은 일에 최선을 다하는 것은 생활 속에 자연스럽게 형성되는 호감의 이미지 메이킹이다. 타고난 모습 자체는 이미지 메이킹 하기 전 본연의 모습이다. 마치 토지가 개간이나 개발 전 자연 그대로의 모습처럼 말이다.

이처럼 첫인상과 외모가 취업에 미치는 영향이 커지자 성형으로 외모를 바꾸는 사람이 너무 많다. 실제로도 성형외과는 그야말로 문전성시다. 좋은 느낌을 줄 수 있는 외모를 만들고 합격을 위한 단시간의 효과로 최고라는 생각이다.

언젠가 지인이 운영하던 네일숍에서 이런 저런 이야기를 하다 요즘은 여성 뿐 아니라 남성들도 적극적으로 성형에 관심을 갖고 있다는 사실에 새삼 놀란 적이 있다. 남성적인 매력으로 보일 수도 있는 사각 턱을 보다 부드러운 인상으로 바꾸고 싶어 하는 남성들이 의외로 많았다. 양악수술 같은 큰 수술도 감행하는 사람이 많아진 것이다.

누구는 매번 면접에서 탈락돼 고배를 마시다 양악 수술 후 원하는 직장에 합격했다는 이야기도 있었다. 아무튼, 이미지 메이킹의 수단으로 성형외과를 찾는 젊은이들이 적지

호감의 기술

않다는 것을 새삼 느낄 수 있었다.

하지만 성형 이전에 자신이 가진 장점을 살려 본래의 얼굴을 돋보이게 만드는 훈련이 선행돼야 하지 않을까?

셀프테스트-나의 인상은 인상은?

1. 나는 미소 짓는 것이 불편한가?

2. 처음 만나는 사람과 인사를 나눌 때 무표정하게 인사를 나누는 편인가?

3. 상대의 이야기를 들으며 잘 반응하지 못하는 편인가?

4. 걱정 근심이 있거나 몸이 불편할 때 그것이 얼굴로 표출되는 스타일인가?

5. 감정을 표현하는 데 익숙한가? 감정 표현이 낯선가?

(질문 3개 이상 해당되면 부정적인 인상이 심각한 정도일 수 있다. 호감형의 사람이 아닐 수 있기 때문에, 평소 습관을 점검하고 개선하려는 의지를 가져야 한다. 2개 이상 해당되면 개선이 빠르게 될 수 있는 가벼운 단계. 한 질문에도 해당되지 않는다면 매우 긍정적인 인상의 소유자여서 호감형이라 할 수 있다.)

호감을 얻는 순간 1초,
호감의 후광 효과를 꾀하라

첫인상을 좋게 느끼면 그의 다른 것들까지 좋을 것으로 생각하는 심리를 후광효과(Halo Effect)라고 부른다. 얼굴이 잘생기고 예쁜 사람은 일도 잘할 것이라는 선입견이다. 첫인상에서 호감을 주지 못하면 자신을 입증할 길이 처음부터 차단되는 셈이다.

비통하지만 현실이 그렇다. 하지만 문을 열고 면접관과 눈이 마주치는 순간 호감을 주는 건, 잘생기고 멋진 몸이 아니다. 그렇다면 면접관과 만나는 그 순간 단정한 차림새와 따뜻한 인상 열정적인 눈빛과 부드러운 미소를 버무려 호감의 이미지로 무장할 필요가 있다. 첫눈에 사로잡는 깔끔한 이미지와 밝고 화사한 인상으로 말이다.

나의 특장점을 살려 매력적인 사람으로 보여 '같이 일해 보고 싶다'라는 생각이 들게 만들어야 한다. 첫인상에서부터 '임무를 주면 뭐든 잘 해낼 거 같은 인상'을 심어줘야 한다. 후광효과는 입사의 통과 여부에서만 중요한 것이 아니다. 조직 내에서 업무를 수행하고 대내외적 대인관계에서 무엇보다 중요하게 쓰인다.

『설득의 심리학』이라는 책에 호감의 법칙이라는 소제목이 있다. 그 챕터에서는 외모에서 비롯되는 첫인상이 호감과 비호감의 열쇠라고 서술하고 있다. 이 책에는 법원의 재판과정에서조차 피의자의 외모나 체격이 판결에 중요한 역할을 한다는 다수의 연구결과를 언급한다. 경험 많은 법률전문가들도 피의자의 외모 때문에 간혹 속임을 당하기도 한다는 얘기다.

다양한 종류의 사람들과 범죄자를 수없이 본 법률전문가들조차 단정하고 예쁜 외모의 피의자를 대면하면, '그녀가 죄를 범하지 않았을 것 같다'는 오류를 저지르곤 한다는 것이다. 『설득의 심리학』 중 호감의 법칙에는 이처럼 다수의 사람들이, 범죄를 사람의 외모와 연결시켜 생각하기 때문에 아름다운 여성 피의자는 유죄 판결을 받지 않을 확률이 높다는(Mohahan, 1941) 놀라운 주장이 서술되어 있다.

펜실베니아 주의 한 연구에서(Stewart, 1980) 연구자들은 74명의 남성 피의자들의 신체적 매력을 재판 초기에 측정한 후 이들의 판결 결과를 조사했다. 결과는 매력적인 피의자들의 무죄 선고율이 그렇지 않은 피의자들보다 무려 2배나 높게 나온 것으로 확인됐다.

모의재판에 있어서 손해배상청구를 다룬 또 다른 연구도 있다. 피고가 피해자보다 신체적 매력이 더 높을 경우 배심원들의 평결이 평균 5624달러의 손해 배생액인 반면, 피해자가 피고보다 더 매력적인 경우 배심원들의 평결은 평균 10만 51달러의 손해 배상액이 나왔다. 피의자의 신체적 매력에 기인한 이런 편견은 '남녀 배심원 모두에게 해당된다'는 연구 결과(Kulka & Kessler, 1978)도 있다.

외모에서 비롯되는 첫인상이 그 사람의 인격이나 행위를 판단하는데 많은 부분 좌우된다는 얘기다. 정상적인 상황에서든, 위기 상황에서든, 첫인상에서 호감을 주는 경우 일단 유리한 입지를 차지하게 된다.

제자들과 후배에게 들은 나의 이미지는 카리스마, 포스, 걸크러쉬다. 가녀리고 귀여운 이미지는 애당초 없다. 생각해보면 남들이 내게 느끼는 카리스마는 어린 시절부터 꾸준히 만들어 온 이미지의 결과물이다. 나는 언제나 사회 속에서 리더가 되고 싶었고, 신은경 아나운서나 백지연 앵커의 뉴스 진행을 따라하며 또박또박 냉철하게 말하는 연습을 해왔다. 막내로 어리광스러운 말투가 많이 남아있어 더 또렷한 눈매와 말투로 바꿔야 사회에서 무엇을 하든 인정받을 수 있다고 생각했다.

그렇게 매일 앵커들의 진행을 따라하고 벤치마킹하다 보니 지금의 정돈된 말투가 습관이 됐다. 대학에 진학하고 졸업을 하면서 말투와 화술 교육을 좀 더 체계적으로 받아 정돈을 더 했다. 그렇게 오랜 시간 꾸준히 나를 계발하고 다듬다 보니 정보 전달자로서 이미지가 구축된 것이다.

그럼에도 나는 늘 합리적인 판단과 따뜻한 마음을 잃지 않으려고 스스로를 자주 점검했다. 부드러운 카리스마의 소유자가 되고 싶은 이유에서다. 지금도 이 부분은 현재 진행형이다.

꿈이 있고 목표가 있는 한 스스로를 점검하고 자신에게 맞는 모습을 갖추려는 노력은 멈출 수 없다. 이미지 메이킹의 필요성을 강조하고 가르치다 보면 그 개념을 혼란스럽게 받아들이는 사람도 적지 않다. 그런 질문을 받을 때마다 이미지 메이킹은 가식적인 행위가 아니라고 분명히 짚어 설명하곤 한다.

나를 거짓으로 포장하는 게 아니라 나의 장점을 키워 그것을 나의 대표 이미지로 가꿔가는 과정이 바로 이미지 메이킹이기 때문이다. 다시 말해 외부로 비춰지는 나의 모습을 정돈하는 일이다.

생각해 보자. 집 안을 청소할 때도 잘 쓰지 않는 물건이나 어수선한 물건은 눈에 띄지 않는 곳에 넣는다. 반대로 자주 사용하거나 보기에도 좋은 물건은 눈의 잘 띄고 손에 잘 닿는 곳에 둔다. 하지만 아예 필요 없는 물건은 버린다. 쓸모 있는 것이라면 재생해서 쓴다. 이런 일련의 모든 과정이 청소다. 사람에게도 이미지 메이킹은 청소와 같다.

굳이 다른 사람에게 정돈되지 않는 나를 보여 줄 필요가 없다. 좋은 인상, 강렬한 느낌도 얼마든지 많다. 가식은 이런 면에서 이미지 메이킹과 본질적으로 결이 다르다. 가식이란 의미는, 말이나 행동을 거짓으로 꾸민다는 것이다. 어찌 보면 가증스럽다는 반응을 이끌어 내는 행동이나 이미지다. 내게는 처음부터 존재하지 않는 성격이나 취향으로 겉 포장을 하고, 나의 본모습은 속으로 꽁꽁 숨겨 두고 사람을 대하는 것이다.

하지만 이미지 메이킹은 내가 본래 가지고 있는 다양한 성격이나 취향, 호불호에 대한 생각 중 가장 매력적인 장점들만 골라 그것을 세련되게 다듬는 과정이다. 내 원래의 모습 중 대인관계에서 필요요소로 작용하는 부분을 전면에 부각시키고 장점을 두드러지게 하는 것이다. 나의 진정성 있는 모습을 갈고 닦는 일이다.

원래 내가 갖고 있는 모습의 발전상이니 가식과는 거리가 멀다. 가식적인 모습으로 위선적인 태도를 보이는 것과 애초부터 다르다.

이제 이미지 메이킹의 개념이 명확해졌을 것이다. 이미지 메이킹이란 자신의 이미지를 상대 또는 일반인에게 각인시키는 행위다. 스스로에게는 마음의 언어로 자신의 모습을 그리는 행위가 된다. 스스로를 성찰하고 분석해 특장점을 외면적으로 개성화 시키는 작업이다.

철학에 대해 관심이 없고 잘 모르는 사람도 "너 자신을 알라"는 소크라테스의 명언은 알 것이다. 델파이폴로신전 현관 기둥에 새겨져 있는 희랍어 명문(銘文)이다.

일반적으로 이 말은, "주제 파악 좀 하라", "분수를 알라"는 취지로 쓰인다. 그러나 이 말의 속뜻은 '무지의 자각'을 말한다. 소트라테스의 모든 변증법이 도달하려던 궁극적 목표가 바로 이 '무지의 자각'이다. 내가 무지함을 깨닫는 것보다 나를 경쟁력 있는 존재로 만드는 강한 힘은 없다.

'이 정도면 괜찮아' 식의 무사 안일한 나태함을 견제하고 스스로 무엇이 부족하고 무엇이 남들보다 더 나은지를 명확히 분석할 줄 아는 능력이야말로 무지의 자각이다. 스스로에 대한 성찰도 하지 않고, 스스로에 대해 무지한 것은 나 자신에 대한 직무유기다. 나를 스스로 계발해보지도 않고 세상이 나를 알아봐 주지 못한다고 세상을 원망하는 사람은 발전을 할 수 없다.

무한 경쟁 속에서 경쟁력 있는
나로 거듭나기 위한 노하우

　　스스로를 성찰하는 첫 단계는 '나는 무엇을 하는 사람인가?'와 같은 원론적인 질문에 답을 찾는 단계다. 무엇보다 먼저 자신에 대한 정체성 확립이 돼야 한다. 종교인이 되려거나, 태생적으로 소유욕이 없거나, 자연으로 들어가 사는 사람이 아닌 이상, 사람은 본능적으로 사회 속에서 성공하기를 희망한다. 성공한 사람들의 공통점은 자신의 성격, 재능, 외모적인 부분부터 가정환경 등 자신을 둘러싼 모든 것들을 냉정하게 파악한다.

　　내가 하고 싶은 것이 무엇이고 내가 속해 있는 환경에서 할 수 있는 일이 무엇인지 명확하게 안다. 내가 할 일이 무엇인지도 정확히 알고 있다.

호감의 기술

더불어 자신이 하고 싶은 것과 할 수 있는 것의 한계를 정확히 관통하며 꿰뚫고 분석한다. 사회 각 분야에서 성공한 사람들은 대체로 그런 삶의 과정을 경험한다.

최근 먹는 방송, 즉 먹방을 통해 쉐프 열풍이 불면서 스타 쉐프로 이름 날린 몇 사람 중 단연 돋보이는 사람은, 이연복 쉐프와 백종원 씨다. 그들은 방송인지도 뿐 아니라 식당사업까지 번창하며 최고의 전성기를 누리고 있다. 이연복 쉐프의 성공기는 그야말로 드라마틱하다.

그 인생 여정에서 변하지 않은 한 가지는 현실 극복의지와 자신을 향한 스스로의 냉정한 판단이었다. 혹자는 현실 타협이 아니냐고 반문도 한다. 하지만 현실 타협이란, 주저앉은 선택이다. 반대로 자신의 미래를 개척하는 의미의 현실 타협은 현실 타개로 바꿔 읽어야 한다. 사업가와 요리사로 최고의 자리에 우뚝 선 이연복 쉐프는 많은 이들의 워너비로 등극했다. 그러나 그의 이야기를 듣고 나면 역시, 역경 없는 성공은 없다는 걸 새삼 깨닫게 된다.

자서전 『사부의 요리』에 따르면 화교 출신인 그는 13살 무렵 가세가 급격히 기울어 학비를 내지 못하는 일이 잦아졌다. 학비가 밀리는 일이 잦아지면서 선생님에게 혼나는 게 싫어 수업을 빼먹기 일쑤였다. 가세가 기울기 전까지는 평범한 학생들처럼 소년 이연복의 꿈이 있었지만, 학비 감당이 어려워지면서 학교를 그만두고 중국집에 배달 일을 시작했다.

어린 소년이 책가방 대신 철가방을 들게 된 것인데, 배달 일을 하면서도 혹독한 주방시스템을 이겨 내며 사부들에게 중화요리법을 사사 받았다.

그렇게 수년을 인내하고 버티며 배운 결과 22살 어린 나이에 최연소 대만대사관 쉐프로 이름을 올리게 되었다. 오로지 중화요리에만 매진해 지금의 자리에 선 것이다. 어린 나이에 힘겨운 배달 일을 버티지 못하고 여기저기 하루하루 버티는 삶을 살았더라면 지금처럼 성공한 쉐프라는 타이틀을 쥘 수 없었을 것이다.

자장면이 뒤집어질까 전전긍긍하며 배달을 다니던 13살 소년의 뚝심이 있었기에 오늘날 요리의 대가로 우뚝 서게 된 것이다.

같은 듯 하지만 결이 다른 요식업 CEO 쉐프 백종원은

호감의 기술

정통 쉐프도 아니고 정식으로 요리를 사사받아 쉐프가 되지 않았다. 어린 시절부터 먹는 것을 좋아했던 그 이유로 쉐프 이미지를 구축한 사람이다. 실제로 여러 인터뷰를 통해 백종원은 지금 요리분야에서 스타 쉐프로 등극한 비결을 관심으로 꼽았다. 요리를 좋아하기보다 먹는 걸 좋아했던 그는 맛집을 찾아다니며 가격과 음식의 상관관계에 대해 지속적인 관심을 가졌다. 그렇게 식당을 차렸고 운영에 만전을 기하다보니 지금의 자리에 오게 됐다는 게 그의 설명이다.

백종원은 과거 자신의 사업이 크게 망했던 경험을 종종 털어놓곤 한다. 처음에는 '어떻게 해야 돈을 많이 벌 수 있을까?'를 꿈꾸며 일했다. 건축 자재 수입을 했었는데 사업이 망하고 나서도 왜 망했는지 모를 정도로 원인 파악에 미숙했다고 말했다. 그 무렵 사업과 별개로 운영하던 음식점이 하나 있었는데 많은 돈을 벌려는 의도로 일을 하는 것보다, 좋아하는 걸 위해 일해야겠다고 그는 생각했다. 자신은 음식을 만드는 것보다 먹는 걸 좋아했고 그렇게 전국 여러 각지로 음식을 먹으러 다니며 소비자 입장을 잘 알고 있던 터였다. 그는 소비자로서 자신이 불편했던 여러 이유를 개선해 식당 사업에 적용했고 그것이 바탕이 돼 요식업 CEO로서 성공의 밑거름이 되었다.

결국, 좋아하는 게 자신의 일이 되면 행복할 수 있다는 것을 깨달은 그는 청년 창업을 도모하는 많은 사람의 롤모델로 우뚝 설 수 있었다.

이연복과 백종원의 사례를 통해 우리가 들여다봐야 할 메시지는 '나는 나 자신이 만든다'는 점이다. 상황이 어려울 때 그것을 극복하고 승자가 되느냐, 낙오자가 되느냐 역시 자신에게 달려 있다는 말이다. 현실 타협이 아닌 현실 타개로 인생의 승자가 되는 선망의 이미지, 즉 비주얼 이미지 구축을 위해서 부단히 노력해야 한다.

자신과의 싸움에서 기필코 이겨 내겠다는 의지와 사태 분석을 냉정하게 할 줄 아는 분석력, 그리고 스스로를 믿고 나가는 추진력이 복합적으로 필요하다.

그것이 바로 액티비티 이미지 메이킹이다. 보이는 나는, 나 자신의 노력으로 일궈낸 가장 완벽한 모습이다. 그러므로 자신을 올바로 들여다보는 혜안이 반드시 필요하다.

'나는 어떻게 보이고 있는가?'

'무엇을 특화시킬 것인가?'에 대한 진지한 고민이 필요하다. 자신은 나름대로 열심히 가꾸고 지식도 쌓고 특기를 준비하며 산다고 자부해도 스스로 자기만족에 지나지 않을 수 있다. 인간은 사회적 동물이기에 자신이 만족하는 삶만을 추구해서는 안 된다.

다른 사람에게 내가 어떤 사람으로 여겨지고 보일 것인가를 배제할 수 없는 것이다.

누군가는 다른 사람의 시선까지 신경 쓰며 불편을 감수할 필요가 있는지 반문할 수 있다. 하지만 사회적인 자신의 모습을 의식하며 스스로를 다듬고 살아간다면 더 크고 만족스런 삶이 덤으로 얻어질 것이다.

이미지 메이킹은 어디서부터
어디까지 해야 하나?

　　이미지 메이킹을 얼굴이나 외모의 스타일 변화라고 생각하는 사람이 많다. 그러나 이미지 메이킹 범위는 얼굴과 옷차림에 국한되지 않는다. 여러 가지가 더 있지만 목소리 역시 이미지 메이킹에 포함된다. 목소리까지 이미지 메이킹을 해야 한다고 하면 낯설어 하거나 어려워하는 사람이 많다. 하지만 목소리는 외모와 이미지에 더해 매우 중요한 부면을 차지한다.

　　성우의 목소리를 떠올려 보자. 만약 배역에 걸맞지 않는 목소리가 주인공을 맡았다면 도저히 몰입할 수 없을 것이

호감의 기술

다. 7-80년대에는 외국 영화가 주말 저녁 시간에 편성돼 있었다. 「주말의 명화」는 대표적인 외화 방영 프로그램이었는데, 당시 여주인공은 오드리햅번, 엘리자베스테일러, 그레이스켈리, 비비안 리, 마릴린먼로 등 할리우드를 대표하는 배우들이었다. 하지만 대부분 그녀들의 역을 담당했던 목소리는 장유진, 고려진이 장악하다시피 했다.

한국영화도 예외는 아니었다. 녹음으로 제작되던 당시, 엄앵란, 문희, 남정임, 윤정희 등 시대를 풍미한 여배우들의 목소리 또한 극소수 몇 사람이 맡고 있었다.

예쁜 여자는 예쁜 목소리를 가졌을 것이라고 생각하는 대중의 정서가 반영된 것이다.

지금은 다양성과 개성을 중시하지만 당시에는 예쁜 사람은 모두 옥구슬 구르듯, 맑고 청아한 목소리, 아름다운 목소리를 가졌을 것으로 생각했기 때문이다.

실제로 60년대 톱스타 김지미 씨는 가녀린 몸매에 포토제닉한 얼굴과 시원시원한 이목구비로 인형 같다는 평을 받았지만, 실제 그녀의 목소리가 허스키하고 굵은 편에 속한다는 걸 대중은 상상조차 하지 못했다.

우리가 왜 목소리 이미지 메이킹에 주목해야 하는지는 명확하다. 첫인상과 이미지 부분에서 큰 비중을 차지하기 때문이다. 114 전화번호 안내 상담사들의 목소리는 언제나 친절하다. 누군가 알고 싶어 하는 곳의 번호를 찾아 알려 주겠다는 의지가 곁들여진 목소리다. 딱딱하고 거친 목소리로 상담 전화를 받으면, 소비자는 마음 편히 무언가 요청하기 쉽지 않을 것이다.

사람은 자신의 위치에 따라, 하는 일에 따라 맞는 목소리와 말투가 있다. 억지스럽고 부자연스럽게 왜 설정해야 하는지 반문하는 사람도 있다. 하지만 그건 가식이 아니다. 목소리와 말투를 갈고 닦고 다듬어야 할 필요성을 지적하는 것이다.

나는 한때 방송아카데미에서 강의를 했다. 그 무렵 학생들에게 언제나 강조했던 것 중 하나가 목소리 이미지 메이킹이다. 공적인 목소리와 사적인 목소리는 구별돼야 하기 때문이다. 사적인 영역은 가족과 친구들 사이에서 쓰는 목소리다. 일이나 업무와 연관 없는 관계에서는 자연스러워야 한다. 가까운 사이에서 딱딱하거나 정형화된 목소리와 톤으로 이야기하면 부담스럽거나 멀게 느껴질 게 뻔하다. 친구 사이라도 친밀감을 유지하는 데 방해 요소가 될 뿐이다. 하지만 공적인 말투는 다르다.

자신의 직업이 일기예보 진행자라고 생각해 보자. 일기예보는 많은 사람이 일상생활을 하는 데 꼭 필요한 날씨정보를 전달하는 사람이다. 그들은 신뢰감 있는 목소리와 말투, 속도를 기본으로 갖춰야 한다. 그래야 전달하는 소식에 신뢰감이 생긴다.

특히 아카데미에서 내 수업을 듣는 여학생들에게 애교 섞인 목소리, 작은 목소리, 가늘고 가녀린 목소리는 지양할 것을 강조하곤 했다. 어리광은 집에서 부모님과 이야기할 때 쓰는 목소리다. 애교는 남자친구나 남편에게 쓰는 목소리다. 그 관계 속에서 여린 말투와 목소리는 충분히 사랑스럽다. 하지만 공적인 업무나 인간관계로 연장되는 것은 신뢰감 형성에 전혀 도움 되지 않는다. 내가 하는 일에 따라, 내가 속한 조직 성격에 따라, 내가 맡은 직무에 따라, 내 위치를 객관적으로 파악하고 그에 걸맞게 목소리를 내야 한다. 그래야 사회 속에서 발전이 있다.

이제 인상에 대해 한 번 더 생각해 보자.

모든 사람이 다정하고 포근한 인상을 가질 수는 없다. 직업에 따라 인상도 관리될 수밖에 없기 때문이다. 종횡무진 한창 취재로 바삐 다니던 기자 시절, 파파라치나 잠입취재는 중요한 임무였다. 특종을 포착하기 위해서 오랜 시간 탐문취재와 잠입취재가 필요했다. 결정적 한 컷의 특종 샷을 위해서는 기자가 취재 대상 앞에 나서야 하는 순간이 온다.

여러 상황이 전개되지만 그 가운데 가장 힘든 때가 경호원과 실랑이를 벌여야 할 때다. 무언가 카메라에 담으려다 옥신각신하게 될 때 도무지 말도 통하지 않는 밀당이 시작된다. 경호하는 입장에서 무표정하고 딱딱한 행동으로 무장된 사람들이기 때문이다.

감정이 실리는 표정과 행동, 제스처가 있으면 의사 표현도 하고 의견이 관철될 수 있는 설전의 상황도 생긴다. 하지만 일률적인 표정과 행동으로 대하니 도통 기자의 뜻이 관철되지 않는다.

경호원들은 자신에게 경호를 의뢰한 사람의 사생활 보호와 현장 보안이 일이다. 그러니 현재 상황이나 그들의 감정을 짐작하는 것 자체가 어려울 만큼 냉정한 표정을 유지한다. 딱딱하게 굳은 태도와 행동을 일관되게 유지하니 대화로 설득시키는 건 불가능하다.

그들의 특수한 직업 세계이니 전문 경호원 경험이 많을수록 자신에게 누구든 쉽게 다가올 수 없도록 이미지를 더 관리한다. 말이 통할 것 같은 기대가 생기는 다정다감한 표정을 하고 있다면 경호하는 일을 직업으로 가질 수 없으니 말이다.

그렇다면 이런 특수한 상황을 제외하고 일반적인 사람인 경우 인상관리의 비법을 살펴보자.

사람마다 제각각인 성격이 있듯 인상도 모두 다르다. 또 이목구비에 따라 인상도 다르게 느껴진다. 당신이 날카로운 눈매의 소유자라고 치자. 눈매가 날카롭게 생겼으니 다정한 느낌과 거리가 멀다. 그렇다고 냉철한 이미지로 밀고 나가야 할까? 아니다. 날카로운 눈매의 정점은 의외로 많다. 객관성을 띨 수 있고 분석력도 높아 보일 수 있다. 집중력이 높아 보이는 장점도 있다. 하지만 주변 사람들을 불러모으는 인복에는 단점이 될 수 있다.

만약 당신에게 해당된다면 웃는 연습을 자주 할 것을 당부한다. 거울을 보고 부드럽고 온화해 보이는 웃음 포인트를 찾는 것이다.

우리나라 가요 중에 〈눈으로 말해요〉라는 노래가 있다. 이 노래 제목처럼 사람과 사람은 눈으로도 대화를 한다. 사람과 사람이 대화를 할 때 눈빛과 시선은 의사를 효과적으로 전달하는 데 중요한 역할을 한다.

차가운 눈빛으로 보이는 날카로운 눈매의 사람이라면 아무리 따뜻한 의미를 담아 이야기해도 전달 자체가 쉽지 않다. 그러나 표정도 습관이다. 낯설고 익숙하지 않으면 어색할 뿐이다. 눈매 성형으로 고치려고만 하지 말고 스스로 표정을 바꾸는 연습을 습관화하며 자신의 인상을 개선하려는 노력이 중요하다.

반면, 웃는 인상을 가진 사람도 있다. 과유불급이라고 웃는 상을 가졌어도 과하면 없느니만 못하다. 긍정이 넘치고 무엇이든 받아 줄 것 같은 무한 신뢰는 장점이다. 하지만 자신을 화나게 할 만한 일을 하고도 이해해 줄 거라는 오해를 살 수 있는 게 단점이다.

호감의 기술

물론 첫인상이 좋으니 친해지고 싶고, 부탁도 들어주고 싶고, 속내를 털어놓고 싶은 대상이 된다.

하지만 웃는 눈매에 더해 너무 자주 웃거나 과할 정도면 상대는 부담을 느낄 수 있는 반전이 있다. 설정으로 여기거나 진지함이 없어 보일 수도 있다.

그런 경우라면 거울을 들고 무표정이나 차분함, 냉철함이 느껴지는 표정을 찾고 연습으로 그 표정을 기억해야 한다. 필요할 때 꺼내 쓸 수 있게 말이다.

사람의 감정에는 희로애락이 있고 감정은 대화로 서로에게 전달된다. 그러나 대화는 말로만 이뤄지지 않는다. 표정과 손짓, 고갯짓과 몸짓이 함께 쓰인다. 자신의 의중을 더 효과적으로 전달하려는 무의식이 반영된 것이다. 더불어 마음의 창인 눈의 쓰임에도 집중이 필요하다. 입매의 모양도 마찬가지다. 입꼬리를 어떻게 처리할 것인지도 이미지 메이킹 과제다.

관상학적으로 양쪽 입꼬리가 지긋이 올라가는 것이 재복과 명예 복이 높다는 설 때문에 한동안 성형으로 입매 교정을 한 사람도 있었다.

입꼬리가 처지면 재물복이 없고 신경질적인 성격의 소유자라는 인상을 줄 수 있다는 소문에 입매 성형이 입소문을 탔다. 실제로 지금은 꽤 유행하고 있는 성형으로까지 퍼져 있다고 한다.

신념의 차이일 수 있으나 어느 정도 그들의 심리가 이해된다. 하지만 표정 연습과 이미지 메이킹으로 노력을 기울이는 편이 좋을 것 같다는 아쉬움이 크다.

자연으로 교정이 안 되는 특수 상황인 경우나 성형에 의존하는 편이 아닌 이상, 어지간해서는 표정 트레이닝으로 충분히 교정되기 때문이다. 스마일 연습, 좋은 인상 만들기 등 하루에 몇 차례씩 시간이 날 때마다 거울 앞에서 연습하면 효과를 볼 수 있다.

웃는 표정을 연습할 때는 눈보다 입술 모양 변화에 더 주목하라. 입술을 스트레칭 하듯 가로로 늘리고, 위로 쭉 올리며 연습할 것을 권한다.

방송계에 종사하는 사람들은 정확한 언어 구사를 위해 '아에이오우'를 외치며 입가를 올리는 표정 연습을 몸에 밸

때까지 한다. 이렇게 무한 연습으로 무장되면 아무리 날카로운 인상을 가진 사람이라도 대인관계에 불편함이 해소될 수 있다. 반대로 더 좋은 이미지의 사람으로 기억될 확률이 높다.

메이크업과 패션으로 완성하는
이미지 메이킹

요즘에는 성형 메이크업이란 말이 낯설지 않다. 화장하기 전과 후가 극명하게 달라 전혀 다른 사람으로 보이게 만들기 때문이다. 어쩔 수 없이 여성에게 있어 이미지 변신의 가장 기본은 메이크업이다. 물론 얼굴 전체를 골고루 보며 메이크업하겠지만 그중에서도 눈썹과 아이라인 그리고 입술선은 무엇보다 중요하다.

첫 번째 만나는 자리에서 얼굴 전체를 살살이 뜯어보는 경우는 거의 없다. 대부분 한눈에 들어오는 인상을 살피고 이목구비에서 풍기는 전체적인 느낌으로 첫인상을 기억하기 때문이다. 여배우 같은 경우 캐스팅된 후 배역에 대한 캐릭터 분석은 기본이지만 무엇보다 외모를 어떻게 보이게 할지 면밀히 분석한다. 맡은 역이 달라질 때 눈썹을 통해 캐릭터의 변화를 표현한다. 사극에 등장할 때도 양반집 규수와 평민 등 맡은 역할에 따라 눈썹 모양이 180도 달라진다. 여가수의 경우 음반 출시 콘셉트에 맞는 메이크업을 사전 회의를 통해 결정 내리는 데, 그 경우에도 눈썹을 통해 어떤 콘셉트로 꾸밀지 결정하고 표현하곤 한다.

남자들의 경우도 마찬가지다. 외모관리에 많은 비중을 두는 일본 남자 배우들뿐만 아니라 일반인들도 눈썹 모양에 따라 자기를 어떻게 보일지 결정된다. 우리나라도 일반 남성 사이에서 적절한 메이크업으로 외모를 관리하는 일이 보편화 되고 있다.

얼마 전, 어느 멀티숍에 들렀을 때 한쪽에 아예 남성 전용 메이크업 쇼룸과 판매대가 놓여있는 걸 봤다. 비비크림은 기본이었고 각종 마스크팩과 각질 제거팩, 보습을 위한 세럼, 남성 전용 아이라인과 펜슬 등 여성 화장품 판매대에 뒤지지 않을 만큼 다양한 화장품이 구비되어 있었다.

얼마 전에는 아이라인과 관련된 재미있는 분석 기사도

나왔다. 최근 들어 쌍꺼풀 없는 홑겹풀 눈이 미의 트렌트를 주도하면서 눈과 아이라인의 상관관계에 관련된 내용이 담겨 있었다. 우리나라 스포츠 불모지였던 피겨스케이팅에서 금메달을 안겨 준 여신 김연아가 쌍꺼풀 없는 눈의 매력을 보여준 선두주자가 아닌가 싶다.

더불어 최근 드라마 「도깨비」에서 대세 배우 반열에 들어선 배우 김고은, 걸스데이 민아 등을 예로 들며 아이라인이 여자 스타들의 외모에 어떤 이미지를 주는지 실려 있었다. 실제로 메이크업 전과 후를 비교한 내용도 있었는데, 아이라인의 굵기에 따라 쌍꺼풀이 없어도 쌍꺼풀 있는 사람보다 눈매가 더 시원해 보이는 효과가 있었다.

스타에게 화보는 평소 자신이 보여주지 않은 숨겨진 매력을 돋보일 수 있는 기회다. 이렇게 화보를 찍는 경우에도 메이크업 변화로 다양한 이미지 변신을 꾀한다.

청순하거나 귀엽게, 섹시하거나 시크하게 보이도록 만드는 데 가장 중요한 포인트도 눈썹 모양과 아이라인이다. 더불어 입술 라인 또한 두툼하고 또렷하게 그려 섹시하고 시크한 이미지를 보태기도 하고, 옅은 색으로 살짝 그린 듯 본연의 입술라인을 살려 네추럴한 이미지를 연출하는 등 다양한 변화를 준다.

이처럼 이미지 변화를 위해 눈썹과 눈매, 입매에 주목하는 이유는 변화를 위해 준비하고 대중 앞에 섰을 때 그만큼 색다른 모습으로 남기기 위해서다.

연예인들의 이유와 다르기는 하지만 일반인들도 요즘 눈썹과 눈매 메이크업에 신경을 많이 쓴다. 입사를 앞둔 젊은이들은 특히 더하다. 눈썹 숱이 너무 많고 진하면 숱 정리를 위해 뷰티숍을 찾고 눈동자와 비슷한 갈색으로 염색도 마다 않는다.

눈꼬리가 치켜 올라가면 날카롭고 도전적인 인상을 주거나 눈꼬리가 처져 의욕이 없어 보이는 무능한 인상을 주게 될까봐 셀프 메이크업을 배우러 다니는 이도 많다.

그다음으로 신경을 쓰는 게 피부다. 무결점 피부를 선호하는 이유는 깔끔한 이미지를 주기 위해서다. TV 기술이 날로 발전하면서 실제 눈으로 보는 것과 흡사해지다보니 트러블이 있거나 거친 피부를 여과 없이 보였다가는 깨끗한 이미지가 손상된다.

언젠가 어떤 여배우와 관련된 인터뷰 기사가 참 인상적

으로 와 닿았던 적이 있다. 젊은 시절 그녀는 몸매가 굉장히 예뻐서 요즘 말하는 베이글녀라 할 수 있었다. 옷도 상당히 잘 입어서 스타일리시한 여배우의 대명사로 불렸다. 그런 이미지에 대해 기자가 질문을 던지자, 스스로의 단점을 잘 알기 때문에 옷을 입을 때 단점을 보완하는 쪽으로 입어서 몸매가 예뻐 보이는 것이라고 했다. 정말 공감이 되었다.

인생의 목표를 잡을 때도 내가 잘 할 수 있는 것과 내가 하고 싶은 것이 무엇인지 명확히 구분 짓고 그다음 내가 잘할 수 있는 쪽으로 매진하는 게 좋다. 패션도 이와 크게 다르지 않다. 내가 입고 싶은 옷이 있고 내게 잘 어울리는 옷이 있는데, 대인관계를 할 때는 내게 잘 어울리는 옷을 주로 입는 것이 좋은 인상, 좋은 이미지를 심어주는데 훨씬 유리하다. 어떤 사람은 하체가 길고 쭉 뻗어서 시원시원한 몸매를 지니기도 하고, 어떤 사람은 하체가 짧고 굵어서 옷을 잘못 입으면 오히려 도드라져 보이는 경우가 있다.

청바지가 잘 어울리는 체형을 지녔다면 청바지에 상의를 다양하게 바꿔 입고 때와 장소에 맞는 패션을 완성하면 된다.

호감의 기술

깔끔한 스타일이 요구되는 자리에는 청바지에 셔츠와 재킷을 입어서 예를 갖추고, 캐주얼한 근무상황이나 미팅이라면 티셔츠나 니트를 코디해서 편하면서도 멋스럽게 보이도록 입으면 된다. 반면 정장이 잘 어울리는 사람이라도 언제나 정장만 입을 수 없으니 예를 갖춰야하는 장소를 위한 클래식한 정장과 편안한 미팅을 위한 캐주얼 정장을 갖춰둔다.

다만 좀 더 격식을 갖춘 느낌을 주려면 정장 속에 셔츠나 타이 혹은 스카프를 해도 좋고, 편안한 느낌을 부각시키고자 한다면 편안한 티셔츠를 코디해 캐주얼한 분위기를 연출할 수 있다. 짧은 다리가 걱정이라면 밀착형 하의를 입기보다 일자로 떨어지는 캐주얼바지 등을 골라보고 상의는 짧게 코디해서 시선을 분산 시키는 것도 하나의 방법이다. 힙선이 걱정이라면 재킷을 좀 더 길게 입어 힙선을 가려주면 단점이 보완된다. 여성의 경우 굵은 다리가 걱정이라면 치마보다는 바지를 입어 단점이 노출될 기회를 줄인다.

아무 생각 없이 내가 좋아하는 옷만 골라서 사 입다 보면 내 패션이 나의 체형이나 이미지와 전혀 맞지 않아 좋은 인상을 주는 데 실패할 확률이 높아진다. 몸매가 예쁜 여성의 경우 밀착형 원피스를 입으면 훨씬 여성스러움이 돋보일 수 있다. 이처럼 장점은 부각시키고 단점은 가리는 것이 패션 이미지 메이킹이다. 개성을 잘 연출하니 어디서든 멋쟁이로 보일 것이고 센스 있는 사람이라 여겨져 가까이 가고 싶은 상대가 될 것이다.

이미지 메이킹의 5계명

1. 나 자신을 알라!

누구나 내 이미지가 멋지게 표현되길 원한다. 자신의 이미지를 멋지고 아름답게 보이게 하려면 먼저 자신을 파악해야 한다. 스스로를 분석하지 않으면 제대로 된 이미지 메이킹이 될 수 없다. 셀프 분석이 필수 선행 코스다.

2. 모방은 창조의 어머니

누구나 하고 싶은 일이 있고 되고 싶은 내가 있다. 갖추고 싶은 모습과 하고자 하는 일에 대한 생각이 정립되면 롤모델을 찾아라. 나의 실력과 개성으로 인정을 받기까지 롤모델을 향한 부단한 벤치마킹이 필요하다. 이미지 메이킹 초기에는 롤모델을 수립하라.

3. 내가 잘할 수 있는 걸 특화시켜라. (외면과 내면 모두에 해당된다)

이미지는 하나의 부분으로 내 전체를 보여주는 것이다. 외모에 있어서 장점이 되는 개성을 더 가꾸고 발전시켜 온전히 나의 것으로 만들자. 지적이거나 귀엽거나 늠름하거나 섹시하거나, 나를 특화시킬 수 있는 개성을 창출하고 발전시키자.

동시에 내가 잘하는 내면의 장점도 키우자. 독서나 영화 혹은 다큐멘터리 감상과 분석 등 타고난 재능을 특화시키면 그 한 가지 만으로도 나를 명확하게 각인시킬 수 있다.

4. 자신을 연출하라.

사람은 누구나 유아 때 모습 그대로 성장하지 않는다. 타고난 환경 속에서 성격이 형성되고 자아가 확립된다. 성장하면서 구축되는 것이 자기 이미지다. 이미지는 환경에 의해서 자연스럽게 형성되는 것이 아니라 내면에 형성된 자아를 통해서 만들어 가는 것이다. 무엇보다 중요한 건 자신의 장점이 될 수 있는 이미지를 찾아내는 것이다. 자신과 어울리지 않는 이미지를 개성으로 만들려 하면 오히려 마이너스가 된다.

결국 거부감을 주고 대인관계에 도움이 되지 않는다. 그렇기에 멋진 이미지를 부각시키고 원만한 인간관계를 이루기 위해 셀프이미지 연출이 필요하다. 자신의 개성을 살린 이미지를 상황과 대상에 맞도록 표현하는 것이 이미지 연출이다. 이미지 연출은 스스로 만족을 위해서 필요하지만 좋은 인간관계 형성에도 매우 필요하다.

5. 자신을 홍보하라.

자기 홍보라는 것은 밑도 끝도 없는 자기 자랑을 하라는 게 아니다. 자신이 내세울 만한 게 무엇인지 합리적인 비교 분석과 판단을 하는 일이다. 우월한 자신의 가치를 찾아내고 그것을 타인에게 인식시키는 일이다. 기준과 객관적인 근거 없이 자기 찬양 일색인 사람은 거북함만 주기 때문에 오히려 의식 수준이 낮아 보여 상대하기 싫어진다.

자기 홍보는 자신을 상대에게 강하게 인식시키고 높은 평가를 받는 결과를 도출함으로써 자신의 가치를 찾는 것이다.

색채로 셀프 디자인하는
내면 이미지 메이킹법

　　3년 전쯤, 지인의 추천으로 재미삼아 한 연구소를 찾아간 적 있다. 그 연구소는 색채로 사람의 심리와 성격 그리고 미래를 유추해주는 곳이었다. 문을 열고 들어가니 예쁘고 깔끔한 병들 속에 다양한 색들의 액체가 담겨 있었다. 마음에 드는 색깔의 병을 몇 개 들고 선택하면 상담이 시작됐다. 상담하러 온 사람에게 필요한 기운과 부합하는 색을 알려주기도 했는데, 중요한 자리에 갈 때나 마음이 안정되지 않을 때 참고해 좋은 이미지로 거듭나게 하라는 취지였다. 물론 재미 삼아 보기는 했지만 기분 탓이었는지 무언가 나에 대해 잘 맞추는 것 같고 흥미로웠다.

호감의 기술

실제로 색채를 연구하는 사람들은 색을 통해 성격과 심리를 알 수 있다고 한다. 색채는 오랜 역사 속에서 인류와 함께했고 현대 사회에서도 인간과 밀접하게 관련돼 있으며 활용되고 있다. 색채 심리학, 퍼스널 컬러, 색채 마케팅, 색채 치료 등 색채는 우리의 삶 속에 깊이 자리 잡고 있다. 그래서 각 색깔들이 가지고 있는 상징성과 이미지의 특징을 알면 자신에게 부족한 기운과 이미지를 보강하는 잇점이 있다.

이참에 나는 컬러에 대해 더 깊이 들어가 보기로 했다. 물론, 일반적이긴 하지만 좋아하는 색을 통해 현재의 심리나 성격의 해석과 관련된 정보를 찾아봤다. 색채를 통해 우리 스스로에게 필요한 것이 무엇인지 찾아내, 내면 이미지 메이킹을 조금 더 풍성하게 가이드 하기 위해서였다.

대표적으로 선호하는 색을 들여다보니 빨간색을 좋아하는 사람은 성격이 충동적이거나 흥분을 잘하고 늘 에너지가 넘치는 사람들이다. '비주얼 이미지 메이킹'이라는 책에 따르면 빨강색은 혈압을 상승시키고 감정을 고무시키는 컬러이기도 하지만 기회를 나타내는 색이어서 자기 확신과 자신감을 보다 강하게 전달할 때 사용하면 유용하다. 파랑색은 젊음, 안정, 신뢰, 정직 등의 이미지를 담고 있다. 도시적인 감각을 상징하기도 해서 비즈니스 컬러로 인식돼 금융맨들이 블루 셔츠나 수트를 즐겨 입는다. 파랑색을 좋아하는 사람은 내성적이고 보수적인 성향일 경우가 많고 신중하고 모범적인 면이 많다는 게 특징이다.

검은색은 고집 있고 참을성이 많은 사람이 대체적으로 선호한다. 스스로 하는 것보다 통제를 받는 걸 선호하는 성향이 숨겨져 있다고 하니 공무원이나 예를 갖추는 자리에 있는 사람들이 주로 검은색 옷을 선택하는 데는 연관이 있는 모양이다. 또한 고급스러움이나 세련됨을 상징하는 이미지가 더 부각돼 보편적으로 선호하는 색으로 떠올랐다. 흰색은 청결함, 시작, 순결 등을 상징하는 대표 컬러인데, 그래서인지 흰색을 좋아하는 사람은 낯가림 없이 잘 어울리기는 순수한 성격의 소유자가 많다고 한다.

화이트 하면 지금도 많은 사람들이 고 앙드레 김 디자이너를 떠올리는데, 오직 의상 디자인 한 길만을 걸어온 그의 외길 인생과 화이트는 매우 잘 어울린다. 화이트를 선호하는 사람들은 정리정돈을 잘하는 성향을 지니고 있어서 주위의 나쁜 평가를 참지 못해 노력하는 스타일의 경우가 많다고 한다.

레드의 강렬함에서 한톤 배제된 분홍은 보통 로맨틱한 컬러의 대표격이다. 여성스러움과 관능성을 내재하고 있다. 그래서인지 분홍색을 좋아하는 사람은 온정이 많고 애정이 풍부하며, 공감대 형성이 잘 되는 사람이다.

독일의 철학자 괴테가 '빛에 가까운 색'으로 정의했던 노란색을 좋아하는 사람은 상상력이 뛰어나고 생각 정리를 잘하는 성향이 있다고 한다.

반면 자신의 마음을 잘 털어놓지 않는 수줍은 성향도 내재돼 있다. 과거 태양을 숭배했던 이집트에서는 질병을 치유하는데도 노란색을 사용했다고 하니 색채의 활용이 의학 분야까지 일찌감치 뻗었던 모양이다. 초록색은 색 치료의 주된 역할을 하고 있는 색이다. 마음의 평안을 주고 생명력을 회복시키는 에너지를 담고 있다.

이 외에도 지구상에 존재하는 모든 색들은 자기 나름의 의미를 제각각 지니고 있다.

일본의 저명한 색채 심리학자 스에나가 타미오의 '색채심리'라는 책에서 색은 마음의 언어라고 언급했다. 자신이 보이고 싶은 이미지를 색으로 표현할 수 있다는 말이 된다. 컬러를 통해 내면 이미지 메이킹하는 것은 더 단단해진 나로 거듭나게 해 다른 사람에게 나를 더 확실하게 각인시키는 효과가 있다.

나를 중심으로 리드가 필요한 상황이라면 노란색 의상을 챙겨보라. 평소 유약해 보인다는 선입견이 많았다면 빨간색 계열의 옷과 액세사리로 꾸며 볼 것을 권한다. 깔끔한 이미지로 정리 정돈이 잘 되는 면모를 부각시켜 존중받고자 한다면 흰색을, 공신력 있는 느낌과 소속감을 돋보이려면 검은색 계열의 옷을 권한다.

사랑하는 사람에게 고백을 하러 가거나 두 사람만의 소중한 날을 기념하기 위해서라면 핑크를 활용해 볼 수 있다.

학문을 추구하면서 완성하는
품격 이미지 메이킹

어른들은 종종, '공부에도 다 때가 있는 법이다.'라는 말씀을 하곤 한다. 물론 나이가 들수록 기억력과 습득력이 떨어져 어릴 때만큼 총기가 나오지 않으니 그럴 것이다. 또 나이가 들면 공부를 하는데 여러 제약이 따라서 제 나이에 맞게 배우고 갈고 닦으라는 교훈이다. 이유야 다 알고 공감되나, 주어진 여건이나 환경 때문에 학업을 중단할 수밖에 없는 경우도 많다. 그러나 여러 불편함도 불타는 학구열을 이기는 못하는 경우가 있다.

나의 오랜 지인 중 한 명은 나이의 벽, 학력의 벽, 사회적 선입견 등 자신을 둘러싼 편견과 한계를 오직 공부 하나로 이겨냈다.

몇 번의 결혼과 이혼, 가난 때문에 자녀와 헤어진 아픔을 겪은 그녀는 공부를 해야만 가난도 극복할 수 있고 자식도 감당할 수 있다고 생각했다. 가난을 극복하려는 욕구 또한 학구열을 불태우게 했다. 그녀는 아이를 키우며 생계를 짊어진 가운데서도 꾸준히 독학을 했다. 그렇게 검정고시를 통과하고 대학과정까지 마쳤다.

지금 그녀는 박사과정 중에 있으며 가족의 소중함을 온 사회에 알리는 사단법인을 꾸려 활동 중이다. 가난한 싱글맘으로 하기 힘든 독학으로 학위를 취득했을 뿐 아니라, 진솔한 인간관계를 통해 자신의 본심을 전하는 중이다.

이것이야말로 품격의 이미지 메이킹이 아닐까 싶다. 주위의 칭찬이나 응원의 말을 들을 때마다 그녀는, 아직도 갚아야 할 빚이 많다고 얘기하면서 초심대로 희망을 잃지 않고 우직하게 일하고 있다. 우리 사회에 가족의 소중함을 전파하는 게 자신이 할 일이라며 말이다.

그녀처럼 요즘 잘 나가는 스타들도 만학도의 길에 나서는 사람이 많다. 결혼 전보다 결혼 후에 오히려 대세 배우로 등극한 이례적인 케이스인 여배우 김성령도 만학도다. 도도하고 냉철한 이미지인 그녀는 자기를 내려놓고 교수가 아닌 신입생으로 대학 문턱을 넘었다.

그녀의 첫 도전은 불혹에 시작됐다. 결혼 전까지 미스코리아 출신 배우로 시작했지만 이렇다 할 인기를 얻지 못했다. 그러던 그녀는 나이 사십에 조카뻘 학생들과 나란히 신입생이 되었다. 연극영화과에 입학해 평생 해온 연기를 이론부터 철저하게 재정비한 것이다. 그녀를 불편해하는 교수도 있었지만 오로지 정통 코스로 배우기 위해 열심히 공부했다. 여배우로 우뚝 서기 위해 식단을 철저히 관리하고 몇 시간씩 꾸준히 운동하는 등, 자기 관리에도 만전을 기했다. 그렇게 5년의 시간을 보낸 뒤 누구도 예상하지 못한 일이 일어났다. 여배우로서 진정한 전성기를 맞이한 것이다.

김성령은 마흔아홉에 칸국제영화제 레드카펫을 밟았고, 20부작 드라마 여주인공에 발탁됐다. 더불어 뷰티 프로그램 MC로 활약하는 등, 대한민국 젊은 여성이 닮고 싶어 하는 워너비 여성이 되었다. 50대로 접어든 나이에 갱년기 관리에만 집중하기보다 하루하루 최선을 다하며 조금씩 새로운 도전을 하고 있는 김성령. 그녀가 40대 후반 여배우로서 최고의 정점을 찍을 수 있었던 이유는 바로 도전의식과 용기였다. 그녀가 평생 지킨 호감의 정석은 용기와 도전정신이었던 셈이다.

트로트 가수 이자연도 만학도 스타 중 한 명이다. 심지어 나이 50살에 대학 문턱을 넘었다. 그녀가 배움의 길에 발을 딛게 된 이유는 뜻밖에도 불임이었다. 일을 하다 결혼 적령기를 넘겨 38살에 결혼한 그녀는 2세를 갖기 위해 온갖 노력을 했다. 그럼에도 아이가 생기지 않아 힘겨운 시간을 보내야 했다. 그러다 남편과 함께 딩크족(수입은 두배Double Income 이지만 아이는 갖지 않는다No Kids고 주장하는 새로운 가족형태를 뜻하는 말)로 살 것을 결정했다. 각오를 했지만 슬픔을 이겨낼 무언가가 필요하다고 생각한 그녀는 대학입학을 결심했다. 어느 인터뷰에서 이자연은 '처음에 어린 친구들과 어울리기 부담스러웠고 과연 이 아이들과 공부할 수 있을지 고민이 되었다'고 얘기했다. 동기들이 선배님 혹은 선생님이라고 부르는 호칭의 벽을 허물기 위해 노력을 기울이고 학업을 함께 이어가는 노력 끝에 온전한 대학생활을 즐길 수 있었다고 회상했다.

한편으로 보면, 연예계 대선배라는 자존심을 붙잡고 살 수도 있었지만 50세의 나이에 배움을 선택했기에 아픔을 치유하는 한편, 늦은 나이에 공부하는 사람으로 이미지의 터닝 포인트를 가질 수 있었다.

이유가 무엇이든 배우는데 도전장을 내고 최선을 다한다는 건 큰 의미가 있다. 연예인 스타라고 하면 화려해 보이기만 한다. 하지만 학문을 갈구하고 배움을 갈고 닦는데 부지런하고 용기 넘치는 도전장을 내미는 모습은 많은 이들에게 희망을 준다. 외모만 가꾸는 사람들로 보이는 선입견을 넘어 자신의 내면을 풍성하게 만들고 채우기 위해 학업을 택하는 이미지 메이킹을 완성해냈기 때문이다.

내면 이미지 메이킹을 위한 마인드 콘트롤 꿀팁

1. 나에 대한 확신과 자신감을 갖도록 하자.

세상이 나의 능력이나 나의 존재를 의심해도 나는 나 스스로를 온전히 믿고 응원해야 한다. 자신의 약점을 찾아내고 비관에 빠지지 말고 자신의 장점을 찾아 건전한 자기비판을 빈번히 하자.

2. 남과 비교하되 기죽지 말자.

이 세상에는 나보다 잘난 사람도 있고 못난 사람도 있다. 못난 사람이나 잘난 사람도 각자 나름의 삶과 행복이 있다. 각자의 만족도가 다르니 상대적 위축이나 위압감에 사로잡힐 필요가 없다. 잘못된 비교는 열등감을 낳을 뿐이다. 냉정하게 상대와 나의 장단점을 비교하되 단점으로 인해 미리 기죽지는 말자. 기죽는 마음이 발전하면 열등감이 되고 열등감에 빠진 사람은 세상 원망만 하느라 자기계발할 시간이 없다.

3. 모든 일에 완벽할 수 없다. 스스로 최선을 다했는지에 주력하라.

사람은 누구나 실수를 한다. 애초에 불완전한 존재가 인간이다. 그 불완전함은 목표를 성취하려는 노력을 만든다. 실수를 했다고, 내 스스로의 만족에 양이 차지 않는다고 갈등하거나 방황하지 말자. 목표를 이루기 위해 최선을 다했는지 그 여부를 점검하자. 언제나 최선이 가장 중요하다.

4. 나는 충분히 행복할 자격이 있다.

인간은 항상 행복을 추구하지만 행복이 멀리 있다고 생각한다. 나는 불행한데, 아직 행복하지 않은데, 남들은 행복한 것 같은 생각은 상대적인 박탈감에 빠지게 한다. 그러나 행복은 멀리 있지 않다. 또 남들만 행복하지도 않다. 행복을 엄청나게 큰 것으로 상상하지 말자. 행복은 무탈한 바로 이 순간 내 안에 있는 것이다.

사람은 자신이 생각한 만큼 행복해질 수 있는 존재라는 걸 기억하고, 행복한 데에는 따로 행복할 자격이 있지 않다는 것도 기억하자. 행복의 정의에 대한 거품을 빼는 순간부터 행복이 무엇인지 느끼게 될 것이다.

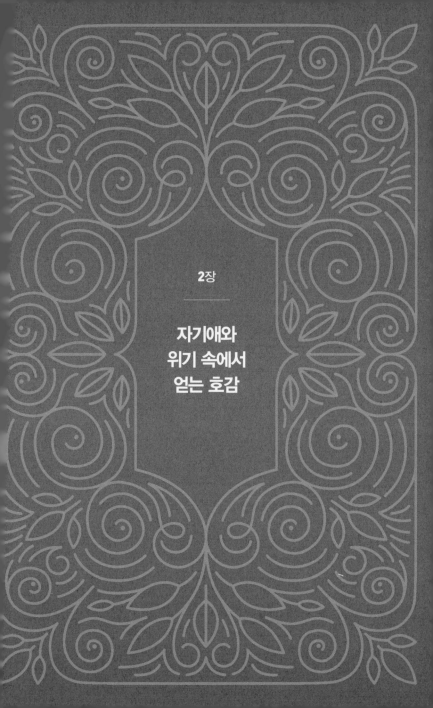

2장

자기애와
위기 속에서
얻는 호감

호감이란 녀석은
누구길래?

　우리는 혼자 있을 때와 밖에 나갈 때의 모습이 다르다. 집에 있을 때는 다른 사람의 시선을 의식하지 않으니, 세상에서 가장 편한 복장으로 나만의 행동을 마음 놓고 한다. 그러다가 쓰레기라도 버리기 위해 대문 밖을 나갈 때면 금방 거울 앞으로 간다. 머리라도 가지런히 묶고 모자를 쓰거나, 최대한 나의 민낯이 눈에 띄지 않게 한다. 옷도 집에서의 편한 복장에서 한 단계 더 갖춰 입고 나간다. 그리고 이웃과 최대한 덜 마주치기 위해 빠른 걸음으로 쓰레기를 버리고 집으로 들어온다. 보편적인 심리가 그렇다. 아무도 없는 곳에서의 내 모습은 누구에게도 영향을 주지 않고 누구의 반응도 없기에 최대한 편한 상태로 내버려 둔다. 하지만 출근을 하고, 학교에 가고, 친구들과 약속을 하고, 친지들과 한자리에 모여야 할 때 집에서 혼자 있는 모습 그대로 가는 사람은 없다. 여건에 맞게, 자신이 가장 괜찮은 모습으로 보이도록 꾸미고 자리에 맞는 분위기를 연출한다.

대인관계 속에서 자신을 돋보이게 하는 이유는 객관적인 상대의 반응을 의식하기 때문이다. 무리에서 내가 좋게 비쳐지고 싶고, 상대에게 좋은 인상을 주고 싶기에 그렇다. 직장이든, 학교든, 모임이든, 특정 목적의 조직이든, 내가 어떻게 보이든 상관없다고 말할 수 있는 사람은 없다.

사람은 감정에 민감한 동물이다. 나를 싫어하는 듯한 감정을 느끼거나 그 마음을 알게 되면 슬픔에 빠지고 자괴감을 느끼며 위축된다. 누구나 본능적으로 사랑을 받고 싶어는 게 사람이다. 아기들도 사랑을 줄수록 더 많은 사랑을 받고 싶어 한다. 조금 더 크면 어른에게 칭찬받고 사랑받고 싶어 한다. 사랑받기 싫은 사람을 찾는 것은 사막에서 진주알 하나 찾는 일 만큼 희박한 일이다. 남에게 사랑받고, 관심받는 것은 호감을 얻는 일이다. 우리는 본능적으로 이런 호감을 얻고 싶은 마음을 가진 인간으로 태어났다.

사람은 나를 좋아해 주는 마음과 사랑을 보내는 눈빛, 나를 아껴주는 예의에 흐뭇하고 행복을 느낀다. 그렇다. 인간은 누구라도 본능적으로 호감을 갈구한다. 호감은 삶의 만족도를 높여주는 근본 에너지며 인간관계에 자신감을 불어넣는 촉매제다.

남에게 인정을 받고 있다고 느끼는 사람은 매사에 자신감이 넘친다. 호감을 얻고 있다고 믿는 사람은 일에서도 추진력이 넘치고, 적극적으로 교류하며 자신에 대해서도 솔직하다. 군이 위장하거나 위선적인 행동을 할 필요가 없다. 누구든 나를 좋아한다고 생각하기 때문에 내 모습을 가리거나 감출 필요를 느끼지 않는다.

이처럼 호감이라는 감정은 사람을 자신감 넘치고 진정성 있는 사람으로 우뚝 서게 만든다. 더불어 사람들과의 대인 관계가 매우 진취적이고 능동적이게 만들어주는 근본 힘이다.

호감은 근원지는
어디길래

인간관계의 유불리를 떠나 사람에 대한 호감과 비호감은 인상이 주는 영향이 크다. 그 가운데서도 첫인상이 호감에 미치는 영향은 매우 크다. 이목구비를 조목조목 들여다보면 딱히 미남형도, 미인형도 아닌데 마음이 편해지고 기분 좋게 만드는 사람이 있다. 예전 80년대 인기 가수 김성호가 부른 '웃는 여잔 다 이뻐'라는 노래 가사에 많은 대중이 공감한 것과 일맥상통하다.

'왜 그런지 나는 몰라. 온 세상이 아름다워. 내 마음은 풍선처럼 부풀어.

왜 그런지 나는 몰라. 웃는 여잔 다 이뻐. 아마 나도 사랑할 때가 됐나 봐…'

호감의 기술

이 노랫말은 그때나 지금이나 세대초월 공감 형성 메시지를 담고 있다. 눈 크고, 코 크고, 얼굴 주먹만 하고, S라인이어서 예쁘다는 게 아니다. 그저 웃는 여자라 예쁘다는 것이다. 다시 말해, 긍정의 마인드로 나를 대하는 사람과 사랑에 빠지고 싶다는 암묵적 메시지가 담겨있다. 물론, 포토제닉한 외모에 긍정의 미소가 떠나지 않는 사람이라면 금상첨화다. 반대로 인형 같은 외모라도 늘 웃음기 없이 나를 대하는 사람이라면 다가서기 싫다.

벽에 붙여놓은 화보라면 '시크하네, 도도하네!' 라며 그나마 들여다볼 수는 있다. 하지만 내가 자주 만나게 되는 사람 사이라면 나를 차갑고 굳은 표정으로 대하는 사람이 좋을 리 없다.

호감의 첫인상은 대체로 노력해서 만드는 경우가 더 많다. 생각은 말과 표정으로 표현되고 눈빛과 손길로 전달된다. 결국, 가장 먼저 다듬어야 하는 게 생각이다. 현실에 만족하는 사람은 많지 않다. 그러니 불평보다는 지금에 만족할 줄 아는 긍정적인 마음 자세가 필요하다. 더불어 넉넉하게 베풀 수 있는 마음이 더해져야 한다.

마음이 부자라고 저절로 감정을 쏟고 나눌 수 있는 건 아니다. 내가 가지고 있는 사랑의 감정을 표현하고 나눌 수 있는 마음 자세를 갖추도록 노력하면 상대를 이해할 수 있는 포용력이 생긴다. 그게 바로 공감의식이다. 공감의식 이 생기면 역지사지로 생각하는 습관이 생긴다. 다른 사람 을 내 잣대로 해석하려 하지 않고 있는 그대로 받아들일 수 있기 때문이다. 그렇게 마음을 정립하고 사는 사람은 표 정도 평온하다. 따뜻하고 다정하다. 그런 사람이라면 호감 을 느끼지 않을 수 없다.

왜 우리는 스스로를
호감 하지 못하나?

한때 엄친아, 엄친딸이라는 말이 유행했다. '엄마 친구 아들'과 '엄마 친구 딸'의 줄임말이다. 이 단어들이 우리 사회에서 많이 쓰이게 된 까닭은, 자식을 믿고 인정해줘야 할 부모가 남의 자식과 나를 비교하며 칭찬을 다른 데로 돌리는 씁쓸한 경쟁사회가 됐기 때문이다.

한 자녀 가정이 늘면서 자식에 대한 지나친 사랑이 사회의 문제가 되기도 하지만, 이처럼 내 자식이 지닌 능력이나 발전 가능성, 재능을 낮게 보고 남의 자식보다 못하게 바라보는 부모의 인식도 문제다.

내가 아는 어느 후배는 발전 가능성도 무한했고, 적극적이고 재능이 있었다. 그런데도 스스로 그 사실을 깨닫지 못했다. 안타까운 마음에 선배로서 이런 저런 조언을 하자 후배 입에서 뜻밖의 말이 나왔다.

"저희 어머니는 맨날 친구분 딸하고 저를 비교하세요. 너는 아무리 뭐를 해줘도 이런 데 개는 공부도 스스로 잘했고 취직도 대기업에 했고, 생긴 것도 예뻐서 연애도 잘하더니, 돈 많은 집안에서 자란 대기업 다니는 남자랑 결혼한다고 말이에요" 쓸쓸해 하던 후배의 표정이 가끔 생각난다. 참 슬픈 현실이다. 왜 그렇게 남의 자식은 다 잘난 것만 같고 내 자식은 그보다 못한 것만 같은지 말이다.

서로가 다른 환경에서 살고, 잘하는 것이 모두 다르다는 것을 당당하고 자신감 있게 받아들이는 게 무엇보다 중요하다. 자기가 잘 하는 것을 개발하고 발전시키면 된다. 남과 비교하며 사는 사회 분위기에 익숙한 사람은 내가 아무리 좋은 재주를 지니고 멋진 외모를 지녀도 그것을 제대로 보는 눈을 잃어버린다. 그리고 상대적인 박탈감을 느끼곤 한다. 소외감을 느끼고 무기력해져 스스로에 대한 능력과 잠재력을 버리는 꼴이다.

호감의 기술

엄마 친구 딸이 더 나아 보이고 엄마 친구 아들이 더 나아 보이는 것은, 대체로는 내 것이 아니기에 더 화려해 보이고 멋져 보이고 대단해 보이는 것이다. 내가 이미 쥐고 있는 것이니 제아무리 귀해도 소중한 마음이 무뎌진 탓이다. 내가 지금 지니고 있는 것, 내가 함께 하고 있는 사람들, 내가 잘할 수 있는 그 모든 것이 세상에서 제일 소중하고 빛난다는 것을 더 늦기 전에 깨달았으면 싶다.

과거 방송 아카데미에서 학생들과 수업을 하며 그들의 고민을 듣는 일이 많았다. 아카데미는 취업이 먼저 된 사람과 남겨진 사람 사이 심리전이 생긴다. 누구는 먼저 취업하고, 누구는 한참 있다 되고, 누구는 공중파로 나가고, 누구는 지역방송국으로 가는 등, 다양한 진출 경로가 생기면서 위화감이 조성된다. 그러다 보니 준비 과정에서 경쟁이 치열하게 벌어진다. 그런 경쟁심은 잘 쓰면 약이요, 잘못 쓰면 독이다.

독이 되는 경우는 자기 비하나 자아 상실로 이어질 때다. 누구보다 빨리, 좋은 곳으로 취업해 사회로 진출하는 동기를 보며 좌절하는 것이다. 마음을 잘 추스르면 더 열심히 노력하는 촉매가 되지만, 마음을 잘못 먹으면 자포자기하고 성형의 힘에 기대 잘못된 방향으로 가게 된다. 영상매체가 비약적인 수준으로 발전되는 시대가 되면서 방송인에게 더 슬림하고 날렵한 외모를 요구하는 것도 사실이다. 하지만 유행을 타지 않고 오랜 세월 국민적 사랑을 받는 방송인은 그렇게 포토제닉하지도, 역대급 미모의 소유자도 아니다. 전 세계적으로 성공한 방송인 오프라 윈프리도 그렇고, 우리나라의 대표 아나운서인 이금희도 그랬다.

이들은 지성과 덕을 갖춘 진행자로 포근한 인상과 따뜻한 배려로 시청자의 마음을 거의 영구적으로 훔쳤다. 배려심과 따뜻한 진행, 지혜와 푸근한 인상, 그리고 말솜씨는 그 누구도 뛰어넘을 수 없는 경지로 자신을 올려놓았다.

한가지로 대결하려 하시 말자. 나보디 먼저 좋은 곳에 나간 누군가와 나를 객관적으로 비교하고 내가 그보다 더 잘하는지 게 무엇인지 찾아내자. 그리고 그것을 분명하게 발전시킬 수 있도록 분석하자. 그들보다 내가 못한 게 아니고, 그들보다 내가 못생긴 게 아니며, 그들이 가진 것보다 내가 못 가진 게 아니다.

나는 그들이 없는 것을 가지고 있고, 그들이 못하는 것을 할 수 있는 다른 매력을 지닌 사람일 뿐이다. 그렇게 나의 있는 그대로를 받아들이고 장점을 취합하면 좋은 면들을 어떻게 발전시켜 나아갈지 궁리를 하게 된다. 그리고 노력하게 된다. 내가 나를 사랑하고 좋은 느낌을 가져야 남도 나를 사랑하고 좋은 느낌을 받는다.

내 자식도 내가 인정하고 아껴야 밖에서도 인정해주고 귀하게 여김을 받는다. 내 부모님도 내가 존중하고 극진히 모셔야 남들도 내 부모님을 존중한다. 나 역시 내가 아끼고 호감 있게 바라볼 때 남도 나에게 호감을 갖는다.

자기 자신을 호감 하려면
스스로를 받아들이자

살면서 알게 모르게 불평을 할 때가 많다. 작은 것부터 큰 것까지 불만스러울 때가 종종 있다. 내가 처한 상황에서 최선을 다했다는 생각이 들면 내가 한 것에 비해 돌아오는 대접이나 처우 등이 부족하다는 마음이 든다. 사람은 누구나 현재 자신의 위치보다 높은 곳을 바라보는 경향이 있다.

어떤 이에게는 만원이 별것 아닌 돈으로 여겨져도, 어떤 이에게는 생존을 위해 지켜야 할 금액일 수 있다. 사람마다 돈의 있고 없음과 돈의 크고 작음에 대한 기준이 다르다. 물론, 누군가의 도움이 절실히 필요하고 누군가 도움을 주어야만 개선될 수 있는 처지인 사람에게 '불평하지 말라'라고 말하지 않는다. 이처럼 아주 지극히 힘든 삶이 아닌 이상, 정상적인 업무 환경이나 가정환경이라면 지금 이 순간을 불평하기보다, 누군가는 부러워할 만한 상황이라고 생각하는 긍정의 마음이 필요하다. 사실 사람은 불편함을 잘 견디지 못한다. 그게 말처럼 쉽지 않다.

90년대 후반 중화권에서 한류가 불붙기 시작할 무렵의 대표주자가 남성 듀엣 「클론」이다. 선풍적인 인기를 끌던 그들은 갑자기 활동을 중단했다. 2000년 11월에 일어난 교통사고로 강원래씨가 중태에 빠졌기 때문이다.

이후 「클론」의 활기찬 무대는 한동안 볼 수 없었다. 다만 그의 곁을 지닌 평생 동반자 김송씨의 지극한 사랑 덕분에 재활에 성공해 결혼도 하고, 인공수정으로 붕어빵 아들도 낳았다. 요즘 강원래씨는 강연과 방송을 통해 건강하고 밝은 모습을 보여주고 있다.

그의 회복과정은 결코 쉽지 않은 세월이었다. 실제로 강원래씨는 방송에서 "부정, 분노, 좌절, 수용의 과정을 거쳤다"라고 말했다. 사고 후 부정적인 생각에 온통 사로잡혀 살다가 현실을 받아들이기까지 걸린 시간이 5년이라고 말했다.

　그의 고통은 다른 장애를 가진 분들을 만나면서 극복됐다. 시각장애인을 만나면서 자신은 볼 수 있다는 것을 알게 되었고, 청각장애인을 만나면서 자신은 들을 수 있다는 것을 깨닫게 됐다고 했다.

　그가 깨달은 인간 삶의 진리는 자신보다 더 힘든 상황에서도 행복해하는 사람이 많다는 점이었다. 소나기처럼 만난 장애를 적응할 때까지 극도로 불편한 시간을 겪었지만, 지금 그의 삶은 사고 이전과는 또 다른 삶을 개척해 가고 있기에 행복한 에너지를 내뿜고 있다.

　또 한 명의 인간승리 스타가 있다. 지금은 방송인으로 활약 중인 이동우씨다. 망막색소변성증으로 후천적인 시력장애가 생겼다. 그는 「틴틴파이브」 출신 만능 방송인이다. 내가 대학생 시절 「틴틴파이브」라는 그룹은 신선한 매력으로 당시 대중들 사이에서 인기가 많았다. 그의 삶 또한 밝기만 할 줄 알았다. 그러던 어느 날 이동우라는 연예인이 점점 시력을 잃어가고 있다는 소식이 들렸다. 그렇게 무심하게 지나던 2012년 무렵, 라디오 방송국에서 우연히 이동우씨를 만났다. 그는 짙은 선글라스를 쓰고 있었다. 매니저에게 몇 가지 요청을 하는가 싶었고 변함없이 일상을 보내고 있는 듯 편안해 보였다.

다만, 시야가 불편하다는 건 알 수 있었다. 그는 내가 건넨 인사에 밝게 화답했다. 내가 왜 그의 소식에 무심했는지 자책이 들었다. 그에게는 많은 아픔과 시련을 겪고 이겨낸 사람의 넉넉함이 보였다.

그는 결혼한 지 백일 만에 시각장애 판정을 받았다. 시각장애를 알게 된 건 2004년이다. 처음 병을 진단받고 2010년 법적 실명 판정을 받을 때까지 이동우는 5년 동안 자신의 장애를 받아들이지 못했다.

악운은 짝지어 온다는 옛말이 잔인하게 느껴질 만큼 그의 아내까지 뇌종양 판정을 받고 수술받는 상황이 벌어졌다.

누군가 자신의 목을 조르는 것 같은 고통의 시간이었지만 받아들이고 살아봐야겠다고 결심했다. 이 모두를 가능하게 만들어준 사람이 바로 자신의 아내였기에 흐트러지려던 마음을 잡고 재활교육을 받았다. 지금 이동우의 활약을 보면 오히려 「틴틴파이브」로 전성기를 누릴 때보다 더 전성기 같다. 연극배우로 변신에 성공했고, 라디오 DJ, 철인 3

종경기, 재즈, 강연 등 다양한 방면의 활동으로 동분서주하고 있기 때문이다.

지금은 이동우씨가 진행하는 라디오 프로그램 시간이 내 일정과 맞으면 꼭 듣는다. 삶의 풍파를 이겨낸 사람의 지혜와 여유를 느낄 수 있기 때문이다.

다른 한명은 구성애씨다. 그녀는 밝고 유쾌하고 긍정적인 인생 선생님이다. 하지만 10살 때 성폭행을 당한 경험이 있었다. 감당하기 힘든 상처를 극복해 낸 것이다. 오히려 세상을 향해 신개념 성교육을 지도하는 전문가로 우뚝 섰다. 이 모든 일은 현명한 어머니의 대처 덕분이었다. 그녀가 남자에 대한 적개심을 갖지 않고 성을 아름다운 것으로 받아들일 수 있도록 가르친 것이다.

구성애씨의 어머니는 성폭행을 당한 10살짜리 딸에게 "너는 아무 잘못이 없다"라고 말해주었고 가해자가 딸 앞에 무릎 꿇고 잘못을 사과하게 만들었다.

구성애 씨는 성폭행이 자신의 잘못이 아니라는 사실을 증명받았기에 상처를 딛고 세상을 향해 나아갈 수 있었다.

세상을 원망하고 남자를 혐오하기보다, 건전한 성 개념이 우리 사회에 뿌리내리도록 앞장선 그녀는 세상의 건전한 또 한 명의 스승이 되었다.

그 어떤 장벽도
막지 못한 자기 확신

영국의 시인인 윌리엄 블레이크는 행복에 대해 이렇게 말했다.

"대개 행복하게 지내는 사람은 노력가다. 게으름뱅이가 행복하게 사는 것을 보았는가? 노력의 결과로 얻는 성과 없이는 참된 행복을 누릴 수 없다. 수확의 기쁨은 흘린 땀에 정비례하는 것이다."

굉장히 공감이 가는 명언이다. 행복을 어느 날 갑자기 오는 것, 혹은 멀리 있는 것으로 여길 때가 많다. 나보다 남들이 더 행복하고 즐겁게 보인다. 자신은 걱정, 근심이 떠날

날이 없이 사는데, 누구는 걱정 없이 마냥 행복해 보인다. 그러나 행복은 멀리 있지 않고 누군가 어느 날 갑자기 내 손에 쥐여 주는 것도 아니다. 대체로 스스로를 믿고 자신의 재능과 목표를 사랑하고 노력을 게을리하지 않은 사람들은 행복을 쟁취했다. 행복은 자기 확신을 가진 내가 스스로의 노력으로 얻는 것이기에 멀리 있지 않다.

우리가 누군가의 행복한 모습을 보며 상대적 박탈감에 빠지는 것도 그의 지금 그 모습, 결과만을 보기 때문이다. 그 사람만 탁월한 운명을 지녀 행복한 것처럼 생각되는 거다. 사람들은 그가 행복을 얻기까지 어떤 과정을 겪었는지 궁금해하기보다, 부러워하거나 상대적인 박탈감에 빠져버린다. 하지만 노력하지 않은 게으른 사람은 결코 행복을 쟁취하지 못하는 게 인생이다.

〈무조건〉과 〈황진이〉를 부른 가수 박상철은 대세 스타가 되었고 돈도 많이 번 가수다. 그렇다 보니 재벌설, 빌딩 수채를 지닌 재력가 가수 등 그를 둘러싼 궁금증이 많았다. 언젠가 방송에서 그는 소문처럼 엄청난 재벌은 아니라고 해명하기도 했는데, 아무튼 경제활동이 왕성하고 브랜드 가치가 높아진 스타라는 점에 이견이 없다.

그는 10대 후반, 가수의 꿈을 안고 무작정 서울로 상경했다. 일용직으로 일하고 빌딩 계단에서 잠을 자며 번 돈을 악착같이 모았다. 평생의 꿈인 가수로 데뷔하기 위해서였다. 그러던 어느 날 우연히 만난 작곡가에게 가진 돈 전부를 투자해 데뷔를 꿈꿨지만 사기를 당하고 말았다. 그 일은 박상철에게 큰 좌절과 함께 경제적 고통을 안겼다. 그렇게 박상철은 노숙자가 됐다. 100원 동전을 모아 라면과 옥수수빵으로 끼니를 때우기도 했지만 그나마도 없어 굶는 날이 허다했다. 너무 배가 고픈 어떤 날은 예식장으로 들어가 하객인 척 밥을 얻어먹은 적도 있다. 그러던 중 같은 노숙자 신세였던 노인 한 분이 박상철에게 이렇게 말했다.

"젊은 놈이 뭐 하는 거야. 네 젊음은 재산이야. 돈을 날렸어도 배운 공부가 있지 않겠어"

그 말에 정신을 차리고 미용실에 취직해 일을 시작했다. 그러다 전국노래자랑에 참가해 우승을 하기도 했다. 일찌감치 실패, 그리고 재기, 성공의 경험이 녹아 있는 노래가

호감의 기술

대중에게 사랑받는 건 당연한 일이다.

한동안 외화 「행복을 찾아서」가 행복에 대해 생각하게 만들었다.

윌 스미스와 그의 아들이 주인공을 맡았던 영화인데 실화가 바탕이었기에 더 큰 감동을 준 작품이다. 이 영화의 실제 모델인 크리스 가드너는 MBA는커녕 대학 학위도 없었지만 베어스턴스에 입사하고 이후 5년 만에 최고 연봉을 받는 능력자가 되었다.

친아버지에게 버림받고 양아버지 밑에서 불우한 어린 시절을 보냈던 가드너 회장은 자신이 아이를 낳으면 절대로 아버지 없는 아이로 키우지 않으리라고 다짐하며 성장했다.

제대로 교육받지 못한 가정에서 가난과 가정 폭력, 알코올 중독과 성추행에 시달렸던 시절, 친아버지도 모른 채 어머니에게만 의지하면서 불행을 스스로 극복해야 했다.

불행을 스스로 이겨낸 데에는 어머니의 정신 교육이 절대적인 영향이 있었다. 그의 어머니는 가드너에게 '출생이 어떻든 자신의 인생은 자신이 펼쳐나갈 수 있으며 어떤 목표든 스스로 정해 노력한다면 이룰 수 있다'라고 가르쳤다.

하지만 성인이 되어 결혼한 후에도 불행은 이어졌다. 아내와의 불화로 아들과 함께 노숙자 복지관에서 밤이슬을 피하고 거리의 매춘부가 아들에게 준 돈으로 끼니를 때우며 공중화장실 세면대에서 아들을 씻길 정도로 힘들었다. 하지만 그는 결코 PSD(가난하지만 영리하고 성공하고 싶은 열망)에 대한 끈을 놓지 않았다. 가드너는 주차장에서 우연히 만난 주식중개인으로 인해 인생의 전환점을 맞았다.

하지만 학력의 벽에 부딪혀 중개 회사에서 하루 만에 쫓겨났다. 노숙으로 떠돌이 생활을 했지만 실력을 쌓는 일을 게을리하지 않았기에 베어스턴스라는 유명 투자회사에 입사해 실력을 인정받았다. 그는 성공한 후에 자신의 자산을 이웃과 나누는 사회공헌에 힘써 2002년 올해의 아버지 상과 2006년 아프리카대륙회의 '아프리카의 친구들 상'을 받았다.

호감의 기술

위기대처는
호감과 비호감의 갈림길

인생은 타이밍이라는 말을 흔히 한다. 그렇다. 인생에는 수많은 타이밍이 있다. 공부할 수 있는 타이밍, 결혼하는 적령기, 고백하는 타이밍, 오해를 푸는 시기, 용서를 구해야 할 때 등이다. 세상 이치, 인간관계와 마찬가지로 누구에게나 자기 자신만의 때가 있고 그때를 놓치면 다시 돌이켜 원점으로 돌아가기 쉽지 않다. 그러니 시기라는 것을 두고 그 안에서 목표를 달성하기 위해 최선을 다한다.

이처럼 인생의 모든 곳곳에 시간이 관여되지 않은 곳이 없으니 시간이라는 것은 우리 인생을 관장하는 것이나 다름없다. 수많은 타이밍 중에서도 특히 중요한 타이밍이 있다. 바로 용서의 타이밍이다. 용서를 구할 때도 타이밍이 있다. 용서는 용기가 필요한 행동이다.

사람은 누구나 잘하기도, 잘못하기도 한다. 잘할 때는 부정적으로 돌아오는 피드백이 없다. 그러나 열 번 잘하다가도 한 번 잘못하면 그것이 의도적이든 실수든 미래 향방을 바꿔놓는다. 사실 무슨 일이든 잘못했을 때 그것을 인정하고 용서를 구하면 부작용은 의외로 크지 않다. 하지만, 잘못을 인정하지 않고 의도가 없었다는 것을 강조하며 어떻게든 빠져나오려고 핑계만 대면 그나마 있던 정도 떨어진다. 용서를 구하는데 어려움을 느끼는 이유는 나 자신을 똑바로, 제대로 바라보지 못하기 때문이다.

용서를 구하는 데 필요한 것은 자신의 내면을 바라볼 용기다. 또 하나는 질책과 비난, 미움의 대상으로 이겨내는 일이다.

한때 연예계에 성과 관련된 추문이 많았다. 믿고 싶지 않은 추문이었다. 당시 성 추문에 연루된 스타 중 한 명은 자신이 연루된 일을 보도한 매체들에 경고성 입장을 냈다. 문제의 그 날 행적을 알려 오해를 없애기보다, 언론보도에 민감한 입장을 보였다. 그러나 시간이 지날수록 허위사실이라는 그의 말을 대중은 불신하기 시작했다.

당일 행적에 대한 입증 없이 보도에만 민감한 반응을 보이자 신뢰가 떨어지기 시작한 것이다. 그렇게 몇 개월의 시간이 흘러, 그가 애초와는 다른 혐의로 약식 기소되었다는 후속보도가 나왔다. 이후 그는 대중 앞에 사과하며 좋은 모습을 보이겠다는 다짐을 했다.

처음부터 이런 태도로 입장을 내놓았더라면 어땠을까? 민감한 사안이지만 자신이 분란의 여지를 초래한데 대한 반성을 보이고 낮은 자세로 언론과 대중을 대했다면 좋았을 것이다. 만약 처음부터 결과 여부를 떠나 추문에 휩싸인 것 자체만으로 대중의 용서를 구하는 데 보다 적극적이었다면 팬들은 실망하고 돌아서기보다, 그를 둘러싼 의혹의 결과를 기다리고 지켜봐 주었을 것이다.

잘못은 누구나 저지를 수 있다. 그러나 잘못을 저지르거나 오해를 받았을 때 날을 세우고 반격의 자세로 일관한다면 실망만 커지기 마련이다. 이와는 반대의 경우도 있다.

지난해 스타 중 한 명이 두 번째 음주운전으로 적발돼

긴 자숙의 시간을 보내고 있다. 활동이 왕성했고, 몸값도 꽤 상승한 준 스타급이라 안타까움이 컸다. 그러나 그 일로 질책하는 이는 많지 않았다. 음주운전 적발 관련 보도가 나오자 소속사는 즉시 물의를 빚은 것에 사과하고 더불어 자숙하겠다는 입장을 보였다.

그 역시 대중 앞에 머리 숙이며 진심을 다해 즉각적인 사과를 했다. 이후 그에 대한 비난과 실망보다 음주운전 처벌강화의 필요성과 음주운전을 바라보는 사회적인 공감대 등이 공론화되며 열띤 토론이 이어졌다.

잘못된 습관을 고치지 못한 그에 대한 비판 그리고 음주운전이 큰 범죄라고 느끼지 않는 잘못된 대중의식을 다루는 방송이 많았다. 그를 무조건 용서하기보다, 잘못을 알고 인정했으니 앞으로 어떻게 행동하는지 지켜보자는 분위기가 형성되었다.

현재까지 자숙의 시간을 보내고 있으니 그에 대한 평가는 잠정 보류상태다. 미래에 그가 똑같은 잘못을 한다면 그때는 모두가 싸늘하게 외면할 것이다. 하지만 곧바로 사과하고 반성했기에 비난이 유보된 상태다.

위기대처 능력이 추후 자신의 인기를 좌우하는 건 스포츠 스타도 마찬가지다. 미국 프로골프(PGA) 투어 통산 79승(메이저 14승 포함)에 빛나는 타이거 우즈는 2009년 말 불거진 불륜 스캔들로 내리막을 걷기 시작했다. 유부남이었던 우즈와 혼외정사를 가졌다는 여자가 10명이 넘었다. 포르노 배우, 모델, 웨이트리스 등 직업도 다양했다.

흑인인 우즈를 만났다는 여성들이 모두 백인인 것으로 드러나자 백인 선호주의자라는 논란이 벌어지기도 했다. '미스터 클린'이라는 이미지로 굵직굵직한 광고 모델로 선호 받던 그는 불륜 스캔들 이후 추락했다. 성적도 예전 같지 못했고 이미지 회복도 쉽지 않았다.

당시 사건을 계기로 1000억 원 가량의 위자료를 지급하고 조강지처와 이혼한 우즈는 스캔들 이후 메이저 우승컵을 한 번도 들지 못했다.

미국인들은 자유분방하고 성에 대해 매우 관대하고 개방적일 것으로 생각하지만, 불륜은 자유로운 연애를 존중하는 차원의 이야기가 아니다. 그것은 약속의 문제다.

우즈는 이미 결혼한 기혼자였고 좋은 이미지로 활동해 온 프로골프계의 월드 스타였다. 그리고 그의 이미지는 팬과의 약속이었다. 오랜 불륜설에도 입을 다물고 계속해서 미스터 클린이미지를 이어가다 결정적 증거가 언론을 통해 공개되고야 불륜을 인정했으니 배신감은 더 컸다.

우즈의 용서는 너무 늦은 셈이다. 처음 불륜을 저지른 뒤 잘못을 깨닫고 곧장 돌아왔거나 불륜설 초기에 잘못을 인정했더라면 지금과는 전혀 다른 결과가 있었을지 모른다. 그러나 시간은 되돌릴 수 없고 그는 결국, 용서의 타이밍을 놓쳤다.

인생의 정답은
진정성

해마다 새로운 신조어가 등장한다. 사회가 바뀌고 삶의 방식과 가치관, 인간관계의 구조가 달라지면 언어도 새롭게 하나둘씩 생긴다. 주로 젊은 사람을 중심으로 신조어가 생겨나지만 요즘은 나이 든 장년층도 신조어를 공부한다. 말을 알아듣지 못하면 어린 세대들과 대화가 안 되기 때문이다. 혼술, 혼밥, 듣보잡, 개바쁨, 개싫어, 같은 말이 생겨나고 유행하고 사라지기를 반복한다.

유체이탈 화법이란 말이 있다. 소위 영혼 없는 말이라는 의미인데, 다시 말해서 진정성이 없는 말이라는 뜻이다. 나는 예전에 어느 선배로부터, '비판도 질책도 아프게 받아들이지 말라'라는 조언을 들은 적 있다. 혼을 내거나 비판을 하는 것도 관심이 있기 때문이라고 했다. 공감이 갔다. 진정성이 모자란 태도나 말은 임시방편으로 그 순간을 넘어갈 수 있어도 궁극적으로 상대에게 큰 상처를 주는 요소다.

가족의 거짓말, 친구의 거짓말, 사회 동료의 거짓말에 슬픔을 겪은 사람들, 특히 거짓에 대한 기억이 켜켜이 반복적으로 쌓여있는 경우는 불신이 마음 깊이 뿌리를 내린다. 나이가 어려도 자신의 마음에 상처를 주고 약속을 어긴 사람에 대해서는 믿지 못하는 게 사람의 본성이다. 상대에 대한 직접적인 불신뿐 아니라 시간이 지나며 사람을 믿지 못하게 된다. 누군가가 실수를 하고 잘못을 해도 진정한 사과와 인정하는 자세를 보이면 묘하게도 기회를 주고 싶은 마음이 생기는 것은, 그만큼 진심에 마음이 열리기 때문이다.

어떤 스타가 물의를 빚는 경우가 생겼다고 하자. 물의를 빚고 나면 끝을 알 수 없는 자숙의 시간을 보내게 된다. 하지만 어떤 이는 짧은 기간을 거치고 다시 일터로 돌아간다. 최근 어렵게 복귀를 선언하고 대중이 완전히 자신을 받아들여줄 때까지 기다리며 열심히 살겠다고 나선 신정환이 바로 전자의 케이스다. 도박 파문 이후 신정환은 결혼을 했고 연예계를 떠나 평범한 삶을 살았다. 복귀를 묻는 몇몇 기자들을 만나도 신정환은 "복귀는 하고 싶지만, 아직은 주변 정리가 안 되었다"라는 입장을 보였다.

컴백까지 오랜 시간이 걸렸던 것은 대중의 분위기도 싸늘했고 본인 스스로도 복귀에 대해 마음의 준비가 안 되어서였다. 신정환은 여러 차례의 도박뿐 아니라 거짓 해명, 진실성 없는 반성 등으로 홍역을 치렀다. 연예인의 경우 단순히 자신의 재능만으로 스타가 되는 게 아니다. 그를 바라보고 좋아하고 인정해주는 대중이 있어야 스타가 된다. 그렇기 때문에 사회적인 책임감을 명확하게 느껴야 한다. 재능이 있는 사람도 대중들의 호감을 얻어야만 그 재능을 발휘할 수 있다. 스타는 자신의 재능, 매니저의 역량, 대중들의 호응이 있어야 될 수 있다.

그렇다. 대중이 주는 사랑은 스타에게 직업을 유지하고 이름을 지키며 살 수 있게 하는 원천이다. 스타가 반드시 대중들에게 진실하고 초심을 잃지 말아야 하는 이유다.

이 책을 집필하면서 20대 초반의 대학생들에게 연예인의 이미지와 자기 PR에 대해 몇 가지 항목으로 설문조사를 했다. 설문조사 문항 가운데 연예인들이 반드시 갖춰야 할 덕목을 묻는 질문에 절반이 넘는 참여자들은 '모범적인 행실'이라고 답했다. 그 뒤를 이어 '꾸준한 자기 관리'와 '반듯한 이미지'를 필수 덕목으로 꼽았다.

그렇다면 대중은 공인이나 연예인들의 어떤 모습에는 실망을 느낄까? 42%의 응답자는 '불미스러운 일을 모면하기 위해 거짓말이 들통났을 때'라고 답했다.

더불어 '사건 사고에 휘말렸다가 아무 일 없는 듯 빠르게 복귀했을 때'를 꼽았다. 그밖에도 '팬들에게 함부로 대하는 것을 볼 때나 관련 소식을 접했을 때' '방송 이미지와 다른 모습을 보거나 관련 소식을 접했을 때'라고 답했다.

이 설문을 통해 대중은 자신이 사랑과 관심을 주는 스타가 반듯한 이미지의 소유자기를 바라며, 자기관리를 꾸준히 잘하는 사람이기를 바란다는 것을 알 수 있다. 더불어 사건사고에 휘말렸을 때나 팬들을 대할 때 진실 된 처신을 바란다는 것을 알 수 있다.

먼저 다가갈
용기

몇 해 전 연예계가 하극상이라는 키워드로 한바탕 뒤집어진 적이 있다. 이른바 '이태임-예원' 사건이다. 어느 예능 프로그램에 두 사람이 함께 출연하면서 생긴 일이다. 제주도 해녀처럼 바닷속에 들어가 촬영하는 내용이었는데, 이날 두 사람 사이 날카로운 감정대립이 있었다. 현장의 일부 언쟁 모습이 대중들에게 유포되면서 이태임이 후배인 예원을 다그치며 날을 세우는 모습으로 비쳐져서 일방적인 마녀사냥 대상이 되었다.

결국 이태임은 모든 활동을 중단하고 자숙의 시간에 들어갔다. 그러다 또 하나의 언쟁 영상이 유포되었는데, 이번에는 예원이 이태임에게 무례해 보일 수 있는 반말을 하고 있는 장면이었다.

결국, 여론의 화살은 다시 예원에게 돌아갔다. 일방적인 마녀사냥을 당한 이태임이 불쌍하다 등 반전의 분위기가 된 것이다. 이 사건은 일명 하극상 키워드로 각종 패러디를 낳았다. 사회현상으로 번진 셈이다. 군대 패러디, 회사 패러디 등 각종 패러디로 양산됐다.

현재 이태임은 드라마와 예능으로 복귀하고 그전보다는 다소 천천히 대중들 속으로 다가오고 있다. 이렇게 이른 복귀가 가능했던 것은 사건이 불거졌을 당시, 자신이 후배의 반말을 날카롭게 들었던 것을 짚어 이야기하고 예원에게도 상처 주었음을 사과했기 때문이다.

동정여론이 일어났던 것도 사실이다. 여배우로서 쉽지 않은 인정이었을 텐데 후배에게 준 상처를 미안해하는 마음이 두드러졌었다.

사람의 마음은 상대적이어서 '주는 대로 받는다'라는 말이 있다. 이후 후배 예원도 선배인 이태임을 향해 손 편지로 사과의 마음을 전했다.

자존심으로 살아가는 여배우가 잘못을 인정하는 입장을 내놓기까지 결코 쉽지 않은 결심이 필요했을 것이다. 애매한 상황이거나 나와 상대 모두 잘못이 있는 경우 내가 먼저 잘못을 인정하기란 정말 어렵다. 어떠한 배경에서든 어떠한 이유에서든 먼저 다가가고 사과하는 것은 결국 용기가 필요한 일이다.

사람은 자신의 오점은 깨닫지 못하면서, 남의 작은 오점은 크게 받아들이며 질타를 일삼는다. 내가 범하는 것은 실수요, 남이 범하는 것은 대역죄인 듯 받아들이기도 한다. 진심 어리지 않은 마음, 진정성이 없는 마음에서 비롯된 말과 행동은 누가 하든 옳지 않다. 절대로 옳게 받아들여질 수 없다. 순리대로 살아가려면 늘 진실해야 한다.

그렇지 않으면 인생이 꼬이게 되고 거짓은 또 다른 거짓을 낳는다. 그리고 불신을 동반한다. 언제나 진심은 옳다. 진정성이 있는 말 한마디 행동 하나는 사람을 바꾸고 세상을 바꾸는 힘이 된다. 남이 그렇지 않다고 실망하고 질책하고 좌절하지 말고 나의 삶을 점검해야 할 것이다.

자신의 내면에 가식이 숨어있다면, 진실하지 않은 무언가 도사리고 있다면, 그 어둠의 기운을 몰아내도록 하자. 서로가 인정하고 좋아하는 인간관계가 이루어질 것이고 밝은 사회가 싹틀 수 있을 것이다.

순자『수신편—견선』

상대방의 옳은 언행을 보면

몸을 가다듬어 반드시 <u>스스로</u>를 살펴볼 것이요.

상대방의 옳지 못한 언행을 보면

민망하게 여겨 반드시 <u>스스로</u>를 반성해 볼 일이다.

3장

인맥의
기술

선입견과
편견을 버려라

나는 교수로 가르치는 일이 생업이다. 그러다 보니 수업 외에도 삶의 지혜나 방향에 대해 논하게 되는 자리가 많다. 소중한 것과 삶의 가치의 경우 내가 강조하는 두 가지는, 건강과 사람이다.

사람은 누구나 돈을 좋아한다. 오죽하면 돈~하고 소리 지르면 뱃속에 아이도 튀어나온다는 옛말이 있을까. 사람 은 돈을 좋아한다. 그렇다면 돈은 어떨까? 우리가 사랑하 는 만큼 돈도 우리를 사랑할까?

내 생각에 돈은 사람을 그다지 좋아하지 않는 것 같다. 재력가나 부자같은 일부 계층의 사람을 제외하고는 돈이 그렇게 한 사람에게 몰려다니지 않으니 말이다. 월급날이면 돈은 우리 통장에 잠시 들어왔다 흔적만 남기고 곧장 나가버린다. 숫자만 구경하라는 듯 통장에 들어오기 무섭게 곧바로 뿔뿔이, 제 각각 가야 할 곳으로 흔적 없이 사라지고 만다. 월급뿐만이 아니다. 용도도 생활비도 모두가 매한가지다. 주는 사람은 많이 주는 것 같아도 받는 사람은 늘 빠듯하다 못해 부족하다.

어찌 보면 참 슬픈 이야기다. 돈은 의리도 없어서 내 손안에 있다가도 없고, 없다가도 있으니 집착해 봐야 나만 피폐해진다. 돈과 사람의 관계는 인간관계와 비슷해서 좇아가면 갈수록, 애착을 가지면 가질수록 더 멀리 가려는 습성이 있다. 나를 좋다고 좇아다니는 누구는 괜히 싫어지고, 마음을 알 듯, 모를 듯하면 더 끌리게 된다. 그러니 돈이 나를 따르게 하려면 돈에 대한 마음가짐부터 바꿀 필요가 있다.

옛말에 있을 때 잘하라는 말이 있다. 아껴 쓰고 지혜롭게 비축하는 생활 자세를 정착시키면 의리 없는 돈도 그럭저럭 내 곁에 붙어 있다.

건강도 돈과 일맥상통한 부분이 많다. 늘 주변에 있을 때 잘하면 떠나지 않는다는 논리다. 건강은 건강할 때만 지킬 수 있다. 인체는 지극히 과학적이어서 한 곳에 이상이 생기면 다시 정상화되는 게 쉽지 않다. 건강을 놓치면 실력을 갖추고 자격을 충분히 갖췄다고 해도 찾아온 기회를 놓치고 만다. 그렇다. 건강은 사회활동을 하거나 각자의 목표를 이룰 수 있게 만들어 주는 기본 조건이다.

더불어 그 모든 것을 가능하게 만드는 원천이 바로 사람이다. 비즈니스는 지식만으로 할 수 없다. 혼자 나선다고 모두 해결되는 것도 아니고 돈이 있다고 성공하는 것도 아니다. 운이나 기대만으로도 이룰 수도 없다. 비즈니스는 사람이 만들어 내는 결과다. 돈을 모두 잃어도 일할 수 있는 기회를 주고 다시 재기할 힘을 주는 것은 사람이다. 일자리를 잃어도 다시 나를 필요로 하는 곳도 결국 사람이다. 누군가를 곤경에 처하게 만드는 게 사람이지만 반대로 일으켜 세우는 것도 사람이다.

그렇다. 이런 이유로 나는 인생을 사는데 가장 중요한 두 가지를 언제나 건강과 사람이라고 말한다. 그렇다면 좋은 사람을 알아보는 혜안을 기르는데도 노력이 필요할 것이다. 좋은 사람을 알아보고 내 사람으로 만드는 지혜와 사람 자체에 대한 욕심은 평생 발전시켜야 할 스킬이다. 그 스킬이란 오랫동안 혹은 평생을 내 옆에 둘 사람이 누구인지 가려보는 지혜다.

좋은 사람을 어떻게 구별할 수 있을까? 잘생기고 반듯한 외모니 그 속도 착한 사람일까? 얼굴에 부티가 나고 건강해 보이니 귀인일까?

우락부락 무섭게 생긴 사람도 겁 많고 섬세한 성격인 경우가 많다. 스타일 좋고 멋진 외모를 갖고 있어도 진정성이 결여돼 늘 상대를 두고 두뇌 속 계산기를 두드리는 사람도 많다. 못생기고 패션 감각도 제로인 초라한 행색이라도 주변 사람을 챙기고 어려운 사람을 돕는 따뜻한 사람이 많다. 내가 하려는 말은 외모로 만나게 되는 사람에게 선입견을 갖지 말라는 거다. 사람의 본마음과 내면을 알게 되는 데는 시간이 필요하다. 생각은 말을 낳고 말은 태도를 낳는다. 궁극적으로 인간관계 형성에 중요한 영향을 끼친다. 대화 속 일상에서 사람의 됨됨이를 알아가기 때문이다.

물론 첫인상이 좋은 경우도 있고 나쁜 경우도 있다. 하지만 첫인상이 좋아 가깝게 지내다 오히려 실망한 경우가 많다. 반대로 첫인상은 그다지 좋지 않았지만 지내다 보면 꽤 괜찮은 사람이란 사실을 발견하게 될 때가 많다. 그러니 외모로 섣불리 사람을 판단하는 오류를 범하지 말아야 한다.

내가 아끼는 동생들이 있다. 사회에서 만나 친동생처럼 아끼는 지인들이다. 한 명은 빵집에서 제빵사로, 매니저로, 영업으로 일해 온 동생이다. 어려운 환경 속에서 스스로 자립하고 열심히 현실을 극복해가는 쌍둥이 자매 동생도 있다. 세 명 모두 경제적인 풍족과는 거리가 멀다. 물론 학력도 대단치 않다. 그러나 이 동생들과 교류하며 만나는 일이 즐겁다. 함께 이야기 하고 안부를 나누는 동안 20대 초반에 가졌던 순수함으로 교류를 나누기 때문이다. 이 동생들은 내 명함에 담긴 백현주라는 사람과 어떤 대외적인 득실도 없는 아이들이다.

그러니 순수한 마음을 가지고 나와 소통하며 서로에게 더 진실하다. 물론 이 동생들과 마음을 완전히 소통하기까지 시간이 꽤나 걸렸다. 관계를 인정하고 그 순수성을 아는데 까지는 언제나 그만큼의 시간이 필요하니 말이다. 그렇게 맺어진 인연이야말로 소중한 보물이 된다. 결국, 서로에게 의리 끝판왕이 돼가는 것이다.

보통 선입견과 편견을 혼동해서 쓰는 경우가 많은데 제대로 쓰려면 사전적 의미를 좀 들여다볼 필요가 있다. 선입견은 어떤 사람과 사물, 또는 주의나 주장을 직접 경험하지 않은 상태로, 이미 마음속에 굳어진 견해다. 편견은 한쪽으로 치우친 공정하지 못한 생각과 견해다.

미국 심리학자 키스 페인(Keith Payne)은 인간의 선입견과 편견에 대해 이렇게 말했다. "우리는 항상 선입견과 편견으로 잘못된 판단을 내릴 수 있으며 심지어 우리가 믿지 않았던 선입견과 편견의 영향을 받기도 한다."

우리는 보통 누군가의 겉모습으로 그를 판단하며 선입견을 갖는다. 하지만 그 사람의 생각과 인생 신조, 성격이나 추구하는 삶의 방식 등을 알지 못하면서 외모로 그의 삶을 단정 짓게 되는 성향은 지양해야 한다.

하지만 연예인에 대해서는 이런 판단이 어렵다. 겉으로 보이는 것에 따라 추측하고, 확인되지 않은 생각까지 확신해버리는 경향이 대중심리이기 때문이다. 언젠가 '스피드'라는 헐리웃 영화가 화제가 된 적 있다. 남자 주인공 키아누 리브스는 깊은 눈매에 지적이고 이국적인 매력의 소유자다. 세계적인 스타인 그가 화려한 삶을 누린다고 누구나 이의를 제기할 사람은 없다. 하지만 몇 해 지나 세계에 알려진 그의 근황은 반전 그 자체였다. 그가 길거리 노숙자 생활을 하고 있었기 때문이다. 모두가 믿기지 않는다고 했다. 누구는 영화 촬영 중 한 장면일 거라 했다. 그러나 사실이었다. 그가 노숙자 생활을 하고 있던 것이다.

영화 촬영 중 사망한 동료로 힘들어 했던 그의 삶을 안정시키고 삶의 의미를 되찾아 준 연인 제니퍼 사임이 유산하고 심한 우울증으로 헤어진 뒤, 결국 그녀 역시 죽게 되자 슬픔을 이기지 못한 까닭이었다. 이런 사정을 전혀 알 길 없는 사람들은 그의 정신상태를 의심할 뿐이었다. 다른 이의 삶과 그 선택의 이유를 잘 알지도 못하면서 내 방식대로, 내 눈에 보이는 데로 믿고 그의 인생을 결론짓는 일 따위는 결코 하지 말아야 할 일이다.

"이웃에 대하여는 날카로운 눈으로 보나 자신에 대하여는 두더쥐의 눈으로 본다." – 장 드라 퐁테느

나 역시 편견과 선입견을 견제하는 삶을 살자고 부르짖지만 스스로에게 관대하고 남에게 그렇지 못한 건 아닐까 반성한다. 겉만 보고 판단하지는 않았나 돌아보게 된다. 인간은 겉으로 보이는 모습을 우선 중시하는 심리적 성향이 있고, 그것을 버리기 쉽지 않기에 동서고금을 막론하고 선입견과 편견을 갖는 삶을 경계하라는 학자, 철학자들의 경고가 계속되나 보다.

중국의 춘추시대 제나라의 유명한 사상가, 정치가, 병법가, 경제학자였던 관자라는 사람이 있다. 관자에게는 중국 최초의 명재상이라는 수식어를 붙이기도 한다. 그는 자신의 이름을 딴 관자라는 저서를 통해 정치, 경제, 외교, 군사, 문화, 지리 등 굵은 주제들에 대해 논리적인 주장을 펼쳤고, 동시에 인간관계와 인격수양에 대한 지론을 기록했다. 인간관계와 관련된 그의 주장이 바로 '타인을 무시하지 마라'다.

나이 어리다고 무시하지 말고, 비천하다고 업신여기지 말라고 경고한다. 사람은 누구나 자신만의 세계가 있는데, 어떤 분야에서 내가 남들보다 우월한 능력을 지녔고 그것을 발휘했고 인정받았다 해도 자만심에 빠지는 것을 경계라는 의미다.

독식 마인드를
버려라

　책임감 강한 사람은 사적인 영역보다 공적인 일의 영역을 더 우선순위에 두는 경향이 있다. 일이 주어지면 주말과 명절, 연차를 반납해서라도 그 일의 마무리에 집중한다. 차질 없이 일을 처리하는 것이다. 물론 좋은 장점이다. 하지만 그 책임감이 지나치면 일에 대한 집착과 고집이 심해진다. 집착은 사람이나 사물 혹은 일에도 그다지 좋은 성정이 아니다. 집요함과 집착은 동전의 양면처럼 사람의 머리와 마음속에 자리 잡아 그 경계를 허물어 놓는다.

　'내가 아니면 안 된다'는 생각은 책임감 강한 마인드를 구축해주는 효과도 있지만 '내가 아닌 너는 해낼 수 없어'

와 같이 상대를 무시하는 마음도 뿌리내리게 한다. 그러다 보면 욕심이 더해질 우려도 크다. 고집은 일을 향한 불굴의 의지로 시작되지만 고집은 곧 아집이 돼버리고 만다.

자신만의, 자신만을 위한, 자신만 아는 아집은 주위 의견을 듣는 마음과 귀를 닫게 만든다. 그러니 소통이 될 리 없다. 소통이 안 되면 일은 합리적인 방향으로 진행되지 않는다. 물론 혼자 해내는 업무 특성이 있는 경우라면 다를 테지만, 보통은 조직 생활로 업무 성과를 내야 한다. '내 경험상 이 길이 옳다'라는 마인드를 가진 사람은 변화에 무디다.

그런데도 자신이 정점을 찍고 소위 잘나가던 시절의 방식을 고집하니, 종국에는 자신의 설 자리를 좁게 만드는 형국이다. 독점욕구와 같다. 소유욕이 모든 것을 갖고 싶어 하는 것이라면, 독점욕은 한 가지를 온전히 차지하고 싶어 하는 마음이다. 그런 독점욕을 견제하는 차원의 말로 나는, 후생가외라는 말을 즐겨 쓴다.

모 방송에서 PD로 오래 제작하다 퇴사한 지인은 자신이 직접 제작사를 꾸렸다. 하지만 독불장군식 이전 방식을 고

호감의 기술

집하다 방송국 후배들에게도 환영받지 못하는 사람이 되었다. 자신이 PD로 있었을 때와 제작자로 업무가 뒤바뀌었지만 '갑' 기질을 그대로 고수한 탓이다. 마인드 전환이 필요했지만 그는 여전히 선후배 관계, 내가 아니면 안 된다는 식 생각을 고수한 탓에 그가 프로그램 제작을 맡았다는 말을 듣는 순간 모두 얼굴이 굳어진다고 했다. 서로의 입장을 받아들이고 다른 것을 수용하면서 조율하는 소통 능력이 적다 보니 함께 일하기 난처한 경우가 비일비재했기 때문이다.

세상 무엇보다 존중하고 받들어야 하는 사람이 후배고 제자다. 더 나아가 함께 하는 동료다. 내가 아닌 다른 사람의 의견을 듣고 함께 삶을 추구하는 동지들이기 때문이다. 사회생활은 내가 속한 분야에서 호감과 인정을 받지 못하는 순간 뒤안길로 처지게 마련이다. 나보다 잘난 사람은 나를 조이고 발전하게 만드는 에너지를 만들어 준다. 나보다 못난 사람은 나를 돋보이게 만들기도 한다. 내가 있고, 네가 있는 것이 사회다. 그렇게 서로 없이는 발전도, 가치도 없는 게 세상이다. 그래서 정말 똑똑한 사람은 자신이 잘 나갈 때 주위 사람을 이끌고 기회를 나눠주는 사람이다.

요즘 그야말로 대세 스타 중에 개그맨 양세형, 양세찬 형제가 있다. 그중 양세형은 오랜 시간 어려운 시기를 극복하고 당당히 「무한도전」 멤버로 안착했다. 고생 끝에 낙을 맞은 케이스로 힘들던 시기 동료들의 힘과 격려가 회자된 적이 있다. 그들은 집안 내력으로 갑상선암이 있었다고 한다. 알지만 바쁘게 지내다 보니 건강검진을 제때 받지 못한 모양인데, 어느 날 동생인 양세찬이 갑상선암에 걸렸다는 사실을 알게 됐다. 어려운 시기였지만 힘을 모아 병을 극복했다. 하지만 생활이 빠듯해 집을 이사해야했는데 대출이 되지 않아서 박나래에게 부탁하자 억대의 돈을 무이자로 선뜻 빌려줬다고 한다.

요즘같이 각박한 시절에 부러우면서도 대단하다는 평이 이어졌다. 돈을 빌려주는 게 다라고 말하기는 어렵지만, 아무리 친한 동료라도 억대의 돈을 선뜻 건넨다는 건 정말 어려운 일이다.

한 명 더 있다. 80년대 스타 가수 양수경의 컴백스토리다. 최근 그녀가 어려움과 우울증을 딛고 컴백해 7080세대의 팬들은 무척 반가워하고 있다. 여동생과 남편이 잇따라 갑작스레 세상을 떠나고, 달라진 연예계 트렌드와 경제적 어려움까지 더해진 탓에 너무 힘든 시간을 보낸 그녀였다. 얼마 전 「불타는 청춘」 프로그램의 새로운 멤버로 들어가 맹활약 중인 그녀는 주변 지인들에 대한 고마움과 그리움을 방송을 통해 전했다. 그 중 동료 가수 이선희에 대한 특별한 고마움은 눈길을 끈다. 컴백하기 전 어느 날, 그녀는 이선희에게 무작정 전화를 걸었다. 그리고 '언니, 나 힘들어'라고 털어 놓으니 이유도 묻지 않고 대뜸, '계좌번호 불러 봐'라고 했다고 전했다. 한때 톱스타였던 그녀가 여기저기 다니며 어려움을 토로하고 도움을 청할 수 없는 사정을 너무 잘 알았기에 도움을 준 것이다.

돈의 액수에 상관없이 이런 동료의 따뜻한 마음은 양수경이 세상으로 다시 나올 수 있는 용기의 원천이 돼주었다. 각자 인생을 살며 힘든 시기를 보낸 그 마음이 동료의식, 동반자 의식으로 나타난 케이스다.

김구라 역시 힘든 동료를 이끌고 기회를 열어주는 사람

이다. 이혼 뒤 아내의 빚을 갚으며 아들을 돌보고 있으면서도 동료 후배들의 기회를 찾아주려는 좋은 선배로 인정받는 사람이다. 2000년대로 들어서며 여성 예능인의 자리가 점점 줄기 시작했다. 그럴 때 한창 잘나가던 '마이리틀텔레비전'에 장영란, 박슬기, 김새롬, 김정민이라는 각기 다른 개성을 가진 후배들을 출연시킨 것이다. 그 분야의 일인자가 되었으면 자기 나갈 길 가기도 바쁘다. 그 역시 가정일로 힘든 시기였지만 오히려 후배들을 살뜰히 챙겼다. 그중 한 명이 박나래다. 「라디오 스타」에 출연하며 입담을 인정받아 대세로 발돋움 할 수 있었기 때문이다.

개구리 올챙이 시절을 알아야 한다는 옛말이 있듯, 고생 끝에 낙을 맞은 사람이 주변 사람을 챙기는 모습이야말로 그 능력을 발휘하는 때가 아닌가 싶다. 이처럼 동료를 이끌고 챙기는 동반자 의식이 강한 사람은 언제나 존경과 사랑의 대상이 된다.

나는 지난해부터 아시아 최초 밀랍인형 박물관 그레뱅 뮤지엄 자문위원으로 활동 중이다. 전 세계 각 분야에서 존경받는 인물과 기념비적인 인물을 선정해 밀랍인형을 만들어 전시하는 일을 하는 곳이다. 많은 사람이 그들의 삶을 본받고 배우게 하는 보람 있는 일이다. 그러다 보니 선정 작업이 매우 까다롭다. 작년에는 예능과 코미디 분야 인물이 부족하다는 인식 아래 회의를 하던 중, 유재석의 이름이 거론됐다. 그가 대단한 인기를 지닌 사람이기 때문만은 아니었다. 그는 안티가 거의 없는 스타의 대표 격이다. 그만큼 자기 관리가 철저하고 가정도 성실히 가꾸는 사람이다.

더불어 그가 동료를 이끄는 의리 있는 모습 때문이기도 했다. "소수의 몇 사람만 꽃길을 걷는 게 아니라 대한민국이 꽃길로 바뀌어 모든 국민이 꽃길을 걷는 그런 날이 왔으면 좋겠다."는 말은 방송을 지켜보던 많은 이의 가슴을 따뜻하게 했다. 십 수년간 예능계 독보적인 스타로서 올바른 리더십의 전형을 보여주는 그다. 언젠가 힘들어하던 정형돈에게 들려줬다는 조언이 있다. "스타는 아무나 되는 줄 알아? 하지만 그 스타가 네가 되지 말란 법은 없어."

이 말에 큰 위로를 받았다고 그는 회상했다. 인생의 무게감으로 한발 조차 떼지 못하던 동료에게 건넨 이런 태도는 일반인에게도 모범이 된다.

'자기를 드러내는 사람은 현명하지 못하고 자기만 옳다고 주장하면 남이 편들어 주지 않는다. 자기를 자랑하면 돌아오는 공이 없이 헛수고만 되는 것이며, 자신을 자랑하고 과시하면 오래가지 못 한다' – 노자 『도덕경』

먼저 손을
내밀어라

희노애락은 사람이 사는 내내 겪는 감정이다. 슬픔은 기쁨보다 불완전한 것이라고 하는데, 그렇다고 기쁨을 누리는 방법을 찾아낸 것도 아니다. 기쁨이 어디에 있는지 언제나 찾고 갈망하기를 반복하니 말이다.

기쁨이란 무엇일까? 그 기쁨은 과연 어디에 있을까? 기쁨이란 사랑을 받는 일이다. 누군가에게서 칭찬을 듣거나 선물을 받는 것도 기쁨이다. 얻으려던 것을 얻는 것도 기쁨이다. 하지만 기쁨 중 으뜸은 주는 기쁨이다. 내가 누군가에게 무엇을 줄 수 있고 해 줄 것이 있다는 건, 기쁨 에너지 중 최고 정점을 선사한다.

2015년 4월 달라이 라마의 80번째 생일에, 투투 대주교와 달라이 라마의 대화를 담은 『JOY 기쁨의 발견』이라는 책이 있다. 이 책에는 먼저 손을 내미는 사람만이 누릴 수 있는 기쁨과 보람에 대한 답이 담겨있다. 기쁨은 단순한 즐거움을 넘어 안심과 감탄 그리고 환희로 규정하고 있다. 달라이 라마는 "만약 당신이 의식을 가진 모든 존재들과 인류의 행복을 향한 관심을 키운다면 그 관심이 아침마다 당신을 행복하게 만들 겁니다.(중략) 남을 연민하고 인정을 베푸는 마음에 대해 10분이나 30분 정도만 명상을 하더라도 하루 종일 효과가 있습니다."라고 기쁨의 유지 방법을 설명했다. 먼저 손을 내미는 것, 베푸는 마음에 대해 깊은 의미를 부여한 것이다.

나는 취재기자로 활동하며 나만의 소신이 있었다. 기사 한 줄, 홍보 하나라도 필요하고 절실한 누군가를 위해 돕자는 것이었다. 한창 현장에서 뛸 때는 하루 종일 사람을 만나며 정신없이 살았다. 아직 세상에서 인정받지 못했기에 부탁할 곳 하나 없는 이들이 대부분이었다. 그들이 스타가 되고 난 뒤 나를 잊어도 할 수 없는 일이라 생각했다. 그저 내가 누군가를 도울 수 있다는 것 자체가 기쁨이었다.

마찬가지로 먼저 다가가 주는 삶을 실천하는 스타들의 인기는 언제나 진행형이다. 그중 개그맨 김미화가 있다. 대표 개그 프로가 된 「개그 콘서트」는 그녀의 기획에서 시작된 프로다. 당시 순악질 여사 캐릭터를 얻으며 승승장구했던 그녀는 90년대 말 발상의 전환을 실천에 옮겼다. "내 밥그릇만 지키며 살고 싶지 않았다"고 그녀는 당시를 회상했다. 밤낮으로 뛰어다니며 KBS 본부장에게 기획서를 내민 그녀다. 질기도록 치열하게 설득한 끝에 세상에 빛을 보게 된 프로가 바로 「개그 콘서트」다. 그 뒤 개그 콘서트는 신선한 콘셉트와 참신한 신인 개그맨들의 출연으로 전무후무한 인기 프로그램으로 등극했고, 인기 스타를 발굴해 냈으며 주춤했던 코미디 분야에 다시 활기를 찾아 주었다. 아쉬울 것 없는 스타였지만 자신의 어려웠던 시절을 잊지 않고 후배들의 어려움을 덜어주려던 그녀의 사랑은 진정성으로 빛났다.

출세욕에 눈먼 개그우먼으로 왜곡해 보는 시선도 그녀를 따랐다. 그러나 오해 속에서도 후배들이 설 자리를 만들어 주려던 그녀의 의지는 결국 빛을 발했다. 그녀의 후배들은 여러 영역으로 활동을 넓힐 수 있었다. 종편에서 색다른 뉴스를 진행했던 황현희, 시사 고발프로그램을 맡기도 했던 김국진, 「썰전」에서 정치 전문가들과 어깨를 나란히 하고 있는 김구라, 완판남으로 홈쇼핑에서 이름을 떨치고 있는 문천식, 패션 센스로 홈쇼핑 돌풍 주역인 장도연 역시 그녀처럼 여러 분야에서 활약 중이다.

먼저 길을 열어간 선배로 더 넓은 영역을 개척하고 후배에게 손을 내민 용기와 의리는 자신이 속한 분야를 발전시키는 원동력으로 작용했다. 누군가 하지 않으면 코미디계의 발전을 이룰 수 없다는 책임의식과 소명이 밥그릇 나누기를 실천하게 만든 것이다.

우리 역시 힘들어하는 상대를 위해 먼저 다가갈 수 있는 따뜻한 가슴과 용기가 필요한 이유다.

호감의 기술

측은지심

측은지심을 보통, 누군가를 불쌍해하고 가여워하는 마음이라고 생각한다. 물론 맞는 말이나 측은지심에는 다른 이의 마음을 헤아리는 마음이 포함된다. 그리고 그와 동일한 하나의 마음을 갖는 것도 포함된다. 성숙한 사람일수록 남의 고통을 함께 느끼는 마음이 깊고 헤아리는 폭 또한 넓다. 가족 안에서 서로를 깊이 이해할수록 남을 헤아리는 마음도 확대된다. 타인과 함께 느끼는 나의 마음은 점점 그 범위를 넓혀가 이 세상 끝까지 미칠 수 있다. 타인의 고통과 기쁨을 함께 느끼는 것, 그리하여 내 마음이 온 세상의 마음과 한마음이 되는 것, 그것이 측은지심이 가진 하나의 중요한 의미다. 다른 이의 마음이 내 마음과 다르지 않으며, 내 마음을 이해하듯 그들의 마음을 이해할 수 있을 것이다.

가족과의 관계도
인맥의 연장이다

우리는 가족관례를 대인관계와 다른 것으로 여길 때가 많다. 오히려 가족 간에는 인간관계나 대인관계가 없는 것으로 여기는 경향도 있다. 그러다 보니 힘들고 어려울 때 세심하게 살피지 못해 서로에게 상처를 주거나, 함께 치유해주지 못하는 경우가 비일비재하다. 2016년 어느 보도에서 삶의 소중함을 강조하며 자살 방지 캠페인을 벌이던 남자가 스스로 생을 마감한 일이 알려졌다. 그는 자살 몇 시간 전에도 사람들에게 '괜찮다'는 말을 해주자며 미소 짓는 자신의 사진을 올리기도 했다. 가족 중 누구도 그의 자살을 이해하는 사람은 없었다. 그의 마음속 우울증을 감지하지 못한 것이다. 일은 가족 모두에게 죄책감을 안겨줄 수밖에 없었다.

　이렇듯, 사회의 가장 기본단위인 가정 내 가족 관계는 서툴고 무관심이 만연하다. 아버지와 어머니, 자식 모두 서로의 고민과 애로사항을 헤아리거나 면밀히 살펴보는 일에 부지런하지 못한 탓이다. 힘들 때 속내를 털어놓고 의지되기보다 이야기 도중 답답해하거나, 더 화가 치밀어 말문을 닫고 소통하지 않는 사람도 많다. 무관심을 넘어 평가절하하거나 왜 힘든지 묻기보다, '너는 맨날 그 모양이니?'라는 상처 되는 말로 가슴을 후빈다.

　물론 예외의 가정도 많다. 서로의 인격을 존중하고 소중히 생각하는 관계를 유지하는 가족 말이다.

　하지만 아쉽게도 가족 구성원끼리 좋은 관계를 유지하지 못하고 가족도 관계 정립이 필요하다는 인식이 없는 경우가 더 많다. 서로의 부족함을 감싸고 허물을 보듬어 주는 것이야말로 가족과 인간관계의 가장 기본이 되는 핵심인데 말이다. 세상이 비난하고 외면해도 가족은 끌어안아 주는 것이 인지상정이다. 세상은 비난해도 이면의 이유를 알고 안아주는 것이 가족원의 관계다.

  몇 해 전 배우 차승원에게 억대의 피소 사건이 있었다. 사실 납득이 되지 않는 뉴스였다. 알고 보니, 소송의 상대는 차승원 아들의 친부인 사람이었다. 그는 차승원이 자신의 아들에게 친부처럼 행세해 본인의 명예가 훼손되었다며 소송을 걸었다. 톱 모델로 활동하다 배우로 전향할 무렵부터 많은 인기를 얻은 그였다. 거기다 이미 결혼해 한 아이까지 있는 아빠라는 사실이 밝혀져 더 큰 매력점으로 작용했었다. 무명 시절 결혼해 뒤늦게 얻은 인기 속에서도 이성과의 풍문은커녕, 생활비를 벌기 위해 더 열심히 사는 그의 모습에 대중은 호감을 느꼈다.

  사실, 방송관계자들 사이에서는 이미 차승원의 큰 아들이 친자가 아님을 많이들 알고 있었다. 하지만 어느 누구도 마치 합의라도 한 냥 외부로 발설하거나 공식적으로 퍼뜨리지 않았다. 그의 지극한 부성애 때문이었다.

  방송이 없는 날이면 아이들과 함께 지내고 아버지 노릇에 최선을 다하는 모습에 더 이상 논해야 할 일고의 가치도 없는 차원의 비밀이 된 것이다. 세월이 흘러 2014년, 뒤

호감의 기술

늦게 친부가 소송을 한 일에 오히려 주변 모두가 친부를 욕했다. 당시 그의 반응은 성숙함 그 자체였다. 피소 자체만으로 팬들에게 염려를 끼쳐 죄송하다며 미안해했다. 마음으로 낳은 아들이고 후회 없는 선택이라는 그의 입장은 대중의 박수까지 받는 일이 됐다. 아들을 향한 뜨거운 부성애가 확인된 뒤 그의 생활이 하나 둘 알려지기도 했다. 아이들의 간식을 손수 만들어 먹인 탓에 음식 솜씨도 꽤나 일가견이 생긴 모양이었다.

결국 진실한 그의 가족애는 모든 불씨를 꺼버리기 충분했다. 가정과 일터에서 한결같은 행동으로 자신의 가치를 더 빛나게 한 케이스의 스타라 할 수 있다.

물건이야 쓰면 쓸수록 닳는다. 사람도 세월이 흘러 나이를 먹으면 쇠락해지는 존재다. 하지만 사람이 물건과 다른 것은 사랑이라는 에너지를 품은 존재라는 점이다. 사랑이란 아무리 써도 무궁무진하게 넘쳐 나오며 고갈되는 법이 없다. 오히려 쓰고 퍼낼수록 더 채워지고 풍성해지는 묘한 힘을 지녔다.

반대로 부모를 향한 도리와 효를 다해 일터에서 사랑받

는 경우도 많다. 이른바 치사랑 효과다. 13년 전 만난 MC 딩동은 성공하면 제일 먼저 어머니 호강부터 시켜드리고 싶다고 말하던 꿈 많은 청년이었다. 밝고 긍정적인 성격 때문에 그를 싫어하는 사람도 그다지 없었다. 작은 일에도 최선을 다하고 열심히 사는 모습에 한마디라도 격려해 주고 싶은 마음이 들었다.

그가 내게 남긴 말이 아직도 마음에 남아있다. 그는, "장사하는 어머니를 위해서라도 저는 꼭 성공해야 해요"라고 했었다. 무명에 언제 뜰지 아무도 예측할 수 없는 그 현실이 막막했을 텐데도 위트 있게 자신의 포부를 밝히는 청년이었다. 그의 목표와 포부에 공감이 일었다. 얼마 되지 않는 출연료를 알뜰하게 모아 절약하는 모습이 짠하기도 하고, 반드시 성공해야 할 신인으로 보였다. 이후 나의 인생에도 많은 변화가 생겼고 어쩌다 안부를 묻는 게 전부가 되었다. 그러던 어느 날 프로그램 녹화 전 방청객 분위기를 업시키는 역할을 그가 맡았다.

당시에 나 역시 방송출연이 잦아져 종종 마주칠 기회가 많아졌다.

호감의 기술

"어머니 어떠셔? 좋아하시지?"

"네 좋아하세요. 요즘은 좀 살만해요 히히히"

실제로 그 무렵 함께 일하는 관계자들 역시 그에 대해 좋은 평가를 하고 있었다. 열심히 일하며 주변인들과 좋은 인간관계를 맺어온 그의 모습에 긍정적인 동그라미가 그려진 것이다. 그 입소문이 어느덧 많은 사람들에게 퍼져 활동 영역이 넓어졌을 뿐 아니라 그를 원하는 곳도 많아지게 되었다. 세월이 한참 흘러 지금 그는 결혼해 생활도 일도 안정을 찾아가는 모습이다. 사전 MC계의 유재석이라는 별명까지 얻은 그가 가정과 가족의 일원으로, 자신의 위치에 맞는 마음으로 사는 모습은 그야말로 플러스 그 이상으로 작용하고 있다.

조금 철없어 보이고 인지도도 없던 그야말로 무명이었지만 어머니에 대한 그의 효심을 듣고 난 뒤, 나 역시 그에게 관심이 저절로 생겼었다. 넉넉하지 않은 가정 형편으로 현재가 힘들어도 어머니를 단 한 순간도 원망하지 않았고 오히려 자신이 처한 상황을 스스로 극복하려는 강한 의지를 품은 모습에 응원을 아낄 수 없었다. 부모를 위하는 그의 마음이 근본을 갖춘 청년으로 여기게 만들었으니 말이다.

인맥의 시작과
끝은 호감이다

사회심리학에서 호감의 큰 틀은 근접성, 유사성, 신체적 매력으로 나뉜다. 한창 미모가 폭발 할 시기인 학생 때에도 인기를 얻게 하고 사회에서도 더 많은 눈길과 좋은 평가를 듣게 한다. 근접성은 가까이 있을수록 친해진다는 의미다. 옛 속담에 근묵자흑이라는 말이 있듯, 자주 보면 볼수록 친밀해지고 유대감이 강해진다.

실제로 1930년 미국 필라델피아에서 결혼한 5천 쌍이 자신과 가까운 구역에 살고 있던 상대와 결혼했다고 하는 연구결과도 있다. 신체적인 거리가 호감과 친밀감 조성에 많은 영향을 주는 것이다.

호감의 기술

실제로 연예계에서도 일하며 호감을 느끼고 결혼까지 이른 경우가 많다. 배우 연정훈 한가인 부부나 최수종 하희라 부부 역시 같은 프로그램에서 일하다 만난 케이스다. 개그맨 신동엽 역시 일터에서 아내를 만났다. PD였던 선혜윤과 프로그램에서 만난 뒤 결혼했다. 지성과 이보영 부부도 마찬가지다. 이밖에도 여러 커플이 있다. 이들은 유유상종의 의미로 가까워졌을 것이다.

옥스퍼드대 임상심리학 교수인 대니얼 프리먼에 따르면 사람은 보통 자신과 비슷한 사람을 만나면 친숙함을 느끼고 순식간에 빠져드는 경향이 있다고 한다. 취미나 종교, 학식의 수준, 생활 수준이나 가치관, 식성 등 다양한 것들 가운데 한 가지 혹은 몇 가지 공통점이 발견되면 서로를 믿고 친밀한 관계로 거듭난다. 상대를 지지하고 응원하는 후원자가 되기도 한다.

나 역시 식성이 비슷한 사람에게 마음을 풀고 친해진 경우가 있다. 같은 프로에 출연하고 있었고 동갑이지만 성별이 달라 그다지 관심이 없던 사람이 있었다. 그러다 우연히 함께 출연했던 여성 동료와 내가 맛집 투어를 즐기는 취미가 있다는 걸 알게 됐고, 후에 그 역시 같은 취미가 있다는 걸 알게 됐다. 그날 이후 셋은 '맛있는 음식을 즐기는 미식가'라는 공통점으로 친한 친구가 되었다. 같은 것을 선호하고 좋아한다는 이유로 서로에게 호감이 작용된 결과다.

호감의 또 다른 요소로 신체적 매력이 언급되곤 하는데, 조각처럼 잘 생기거나 예쁜 것만을 말하는 건 아니다. 말 그대로 개성과 매력이 요즘 버전의 신체적 매력이다. 사람은 다른 사람의 외모에서 장점은 잘 찾아도 정작 자신의 장점과 매력을 인지하지 못하는 경향이 많다. 거기에 성격적인 단점 역시 잘 인지 하지 못한다. 모순되게도 자신의 외적 장점은 싫어하고 내적 단점은 잘 인지하지 못하는 거다. 있는 그대로의 나를 알기만 해도 세상을 살며 갖게 되는 인간관계에 큰 도움이 될 텐데 그 쉬운 길을 평생 헤매고 다니는 듯하다.

어린 시절 나는 귀여운 이미지나 섹시한 이미지의 여성이 부러웠다. 그렇게 부러워하다 보니 한 가지 폐단이 생겼다. 어릴 적 어머니는 내게 이렇게 말하곤 하셨다. "현주는 지적

인 이미지가 강하니 겉모습만 그런 사람이 되지 말고 타고
난 이미지를 더 갈고 닦도록 해야 한다."고 말이다. 겉과 속
이 같아야 한다는 타고난 이미지 장점을 말씀해 주셨지만
어릴 때 나는 그런 이미지가 마음에 들지 않았다. 그런 나
의 이미지를 벗어나려고 무단히 별짓을 다 하기도 했다. 지
금 와서 생각하면 어울리지 않는 옷과 스타일이 얼마나 어
색하고 웃겼을까 싶다.

사람은 자신에게 어울리는 모습을 갖춰야 한다. 누구나 자
기만이 가진 특유의 생김새와 이미지가 있다. 내게 맞지 않는
외모나 말투, 행동을 가지고 사람을 대하면 사람들은, '이상하
다, 어색하다'라고 느끼고 만다. 오이는 오이답고, 수박은 수
박다워야 유익한 먹거리가 되듯, 사람도 자기가 타고난 개
성답게 특유의 이미지를 지켜야 한다. 그렇게 할 때 호감을
이끄는 사람이 된다. 호감을 얻기 위해서는 억지 쓰는 삶을
지양해야 한다. 세상은 내가 억지를 쓴다고 원하는 방향으
로 돌아가지 않는다. 객관적으로는 그런 이치를 아는 듯해
도 실제 행동은 다를 수 있으니 각별히 신경 쓸 일이다.

누군가 다투고 있다고 상상해보자. A가 B를 향해 계속

화를 내고 B가 A에게 해명을 하고 있다. A는 너무 화가 나 B의 이야기를 들으려 하지 않는다. 마음이 닫혀 있으니 귀가 열릴 리 만무하다. 그러나 B의 지속적인 노력 끝에 A의 오해가 풀었다 치자. 이때 두 가지 행동을 그려 볼 수 있다. 하나는 쿨하게 자신의 오해를 사과하고 인정하는 것, 다른 하나는 이미 너무 많은 화를 낸 탓에 하는 수 없이 계속 억지를 부리는 일이다.

만약 그 상황을 지켜본 당신이라면 A와 B 그 둘을 어떻게 평가할까? 세상에서 제일 상종하기 싫은 사람이 대화가 되지 않는 사람이다. 자기 말만 하고 자기주장만 하는 사람이다. 더욱 최악인 경우는 상대가 논리적이고 합리적임에도 자기주장이 맞다며 힘주어 억지를 부리는 사람이다.

종종 억지로 나를 판단하는 타인의 시선에도 나타난다. 어디선가 나를 아줌마, 아저씨라고 부를 때 누가 봐도 아줌마나 아저씨로 보이는데, 아직 결혼도 하지 않았다며 막무가내로 기분 나빠할 수는 없는 노릇이다. 오히려 자신이 원하는 데로 보이기 원하면 가꾸고 이미지를 정비할 일이다.

모든 방면의 억지는 호감을 반감시킬 뿐 아니라 인간관계의 폭을 좁히고 지속적인 관계를 방해한다. 혼자만의 생각과 판단으로 자기밖에 모르고 자신의 생각을 강요하는 사람은 피곤한 상대로 비춰지기 때문에 누구나 멀리하는 사람이 되고 만다.

"오리는 다리가 짧다고 걱정할 필요가 없고 학은 긴 다리를 짧게 만들려고 애 쓸 까닭이 없다. 본래 긴 것은 긴 그대로가 옳고 본디 짧은 것은 짧은 그대로가 족하다. 엉뚱한 욕심을 내다가는 오히려 남의 웃음거리가 된다." - 장자

호감형의 사람은 인간관계가 어렵지 않다. 내가 억지로 인연을 만들려고 애 쓰지 않아도 주위에 사람이 넘치고 인간관계가 수월하기 때문이다. 인간관계가 수월하니 인맥 형성은 자연히 탄탄하다. 오늘부터 곰곰이 생각해보자. 나는 어 떤 사람인가? 나의 외모와 성격에 어떤 장점이 있는가? 이제 장점은 키우고 단 점을 줄이면 된다.

나와 어울리지 않는 모습을 억지로 갖다 붙이며 타인에게 나를 내가 원하는 사 람으로 봐주기를 강요하지 말자.

내게 가장 잘 어울리는 모습, 가장 나다운 모습이 무엇인지 객관적으로 찾아 그것을 다듬고 어필해서 타인이 나를 편안하고 무난하게 바라보고 받아들일 수 있도록 하자. 그렇게 하다 보면 나도 모르는 사이 다른 사람들로부터 호감 받는 사람이 돼 있을 것이다. 내가 가장 나다운 모습일 때 가장 아름답다.

4장

호감의
정석

호감이란
무엇인가?

우리는 흔히 누군가를 평가할 때 호감과 비호감으로 이미지를 정의한다. 호감의 사전적 의미는 좋게 여기는 느낌이다. 국어사전에서는 호감이라는 단어의 뜻을 짧고 명료하게 정의하고 있지만 이 단어는 그리 간단하지 않다. 인간의 모든 관계의 시작이 호감이라는 감정에서 비롯되기 때문이다.

같이 어울리고 싶은 사람, 어울리고 싶지 않은 사람, 상종하고 싶지 않은 사람, 평생 함께하고 싶은 사람을 규정할 때도 그 시작점은 호감이다. 호감을 느끼는 순간부터 상대와 인간관계는 시작된다. 반대로 비호감이라고 느낀

상대와는 그 순간 단절이 시작된다. 그 중간쯤 되는 표현으로 '호감이 가지 않는다.'라는 느낌 역시 더 이상의 인간 관계로 이어지지 않는다.

얼마 전 오랜 후배가 여자 친구를 소개하고 싶다며 나를 찾아왔다. 만난 지 2개월 남짓 됐는데 벌써 결혼을 염두해 두고 있는듯했다. 처음 소개받는 순간부터 그녀에게 마음의 문이 열렸다는 것이다. 그런 감정을 느꼈으니 적극적으로 애프터를 했을 것이고 결국 연인으로 거듭났다. 그렇게 호감을 느끼고 시작한 이 커플은 처음부터 좋은 면만 느꼈기에 새록새록 실망감보다 긍정적인 면을 더 발견했을 테고 서로에게 에너지를 주는 관계로 발전했다.

연예계에서도 드라마나 영화를 제작할 때 누구누구 사단이라는 말을 하곤 하는데 감독이나 작가 중심으로 스태프와 배우들이 구성되는 경우를 말한다. 한 팀으로 구성돼 드라마나 영화를 끝까지 완주해 나갈 수 있을 뿐 아니라 해당 작품에 거는 대중의 기대도 불러일으키곤 한다.

서로의 작업 스타일을 존중하고 인정하고 호흡을 맞춰 팀으로 거듭나는 조건 역시 호감이다. 서로를 좋게 여기는

호감의 기술

호감 없이는 텃세도 만만찮고 각자 개성이 강한 연예계에서 한 팀으로 완주한다는 자체가 어불성설이기 때문이다.

옛말에 '물건이 싫으면 안 보면 그만이지만 사람 싫은 건 방법이 없다'는 말이 있다. 이렇듯 각자 다른 사람이 만나 서로를 좋게 여기는 느낌 없이는 어떤 능력발휘도 최대치로 끌어 올릴 수 없다. 결국, 자신의 발전을 위해서 호감이라는 감정에 대해 보다 정확하게 인지할 필요가 있다.

왜 우리는
그들에게 호감을 느낄까?

요즘은 손편지가 귀하다 보니 어쩌다 누군가에게 손으로 직접 쓴 편지라도 받으면 내가 그에게 굉장히 소중한 대상이라는 의미가 더해진다. 예전에는 친구끼리 편지나 카드를 주고받으며 우정을 키우곤 했다. 크리스마스나 특별한 행사가 생기면 카드를 보낼 친구 리스트를 정리하고 문방구로 달려갔다. 내 편지를 받고 기뻐할 친구들 얼굴을 떠올리면 세상에서 가장 큰 부자나 된 듯 행복했다. 어설픈 실력으로 그림도 그려 넣고, 알록달록 색이 다른 펜들로 정성껏 글을 쓰며 친구의 개성을 한껏 표현해 그리곤 했다.

그런가 하면 교내 음악 방송에 선곡을 신청할 때도 노래

를 들려주고 싶은 친구의 마음이나 느낌을 떠올리며 선곡
했다.

이런 일종의 모든 행동들에는 상대의 이미지가 담겨있다.

이미지라는 게 대체로 후천적으로 만들어지거나 구축된
다. 어릴 때야 천진난만한 것 외에는 아이를 이렇다 하게
표현하지 않는다. 하지만 2차 성징이 지나고 청소년기 후
반부가 되면 각자의 개성이 뚜렷해진다. 생활환경이나 교
육의 정도, 외모의 유전적 영향, 후천적인 개성발굴 등 각기
다른 개성이 모여 한 사람의 이미지로 뭉치게 된다. 이런 이
미지가 호감의 첫 번째 관문인 첫인상이다.

아마 그 누구도 다른 사람들에게 비호감의 대상이 되고
싶은 사람은 없을 것이다. 비호감이 되는 순간 주위에 사람
도 없고 마음을 주는 이성이나 같이 일하고 싶어 하는 조
직도 없으니 생활 자체가 고립되고 만다. 그러니 누구에게
든 호감의 대상이 되는 일은 무엇보다 중요하다.

사람은 누구나 상대에 대한 평가는 냉정하고 빠르지만
자신을 평가하는데 매우 취약하다. 상대에 대해서는 객관
적이고 분석적인 판단을 내리면서도 다른 사람에게 보이는

내 이미지는 객관적으로 평가하지 못하는 경우가 많다. 이 문제를 해결하기 위해서는 스스로 객관화하는 작업이 반드시 필요하다. 이런 평가 시간은 자신의 문제점을 발견하고 개선할 수 있는 기회가 되기도 하고 호감이 되는 특성을 더 발전시키는 계기가 된다.

한 가지 짚고 넘어갈 점은 상대의 첫인상에 너무 많은 감정을 담지 말라는 것이다. 성급하게 단정 지어 버린 평가 때문에 귀한 누군가를 잃는 우를 범하지 않기 바란다. 첫인상으로 마치 상대를 다 알아버린 것 같아도 그건 뇌와 시선이 보내는 그야말로 착각에 지나지 않는다. 첫인상을 좋게 만들기 위해 훈련하고 장점을 발전시켜야 하지만 다른 사람의 첫인상에 대해서만큼은 섣부른 판단을 내리지 않아야 할 것이다.

내 경우에는 개그맨 박명수가 비호감에서 호감으로 바뀐 대표적 인물이다. 요즘 박명수라는 이름에는 비호감이라는 평가가 어울리지 않는다. 「무한도전」의 핵심멤버로 없어서는 안 될 사람이고 많은 이들에게 사랑받는 스타 중 한 명이다. 라디오 DJ로도 활약하며 힘 빠진 청취자들에게 특유의 버럭 버전으로 진솔한 해법을 제시하거나 위로를 건네는 등 그만의 솔직하고 따뜻한 성격이 대중의 큰 호응을 얻고 있다.

그가 처음부터 지금의 평가를 받은 건 아니다. 무한도전 초기나 같은 시기 다른 프로그램에서는 비호감 이미지로 대중의 뇌리에 각인되곤 했다. 잘생기지 않은 외모에 무턱대고 화를 내고, 버럭버럭 소리 지르며 막무가내식 진행을 한다는 평가가 보편적이었다. 말 그대로 스타는 스타인데 비호감 스타였다. 하지만 그의 비호감 평가는 박명수의 평소 생활로 뒤집혔다. 그의 지난 세월을 들여다본 사람은 그를 결코 비호감이라고 느끼지 않았다. 선행도 조용하고 일관되게 하고 있다. 피자집이나 치킨집을 운영할 때도 자신이 직접 배달을 다니는 등 생활력 강한 가장의 모습을 보였기 때문이다. 또한, 아르바이트 생의 실수로 자신의 차량이 파손됐지만 수리비를 그대로 돌려줬다거나, 자신이 운영하던 가게에서 배달을 하던 아르바이트 생이 돈이 없어 복학을 연기하려고 하자 학비에 보태라며 돈을 건넸던 미담이 전해지며 소위 대접받고 싶어 하는 연예인병 없는 사람으로 행동하는 소탈함은 점차 그를 호감의 아이콘으로 바꿔놓았다. TV에서 보이는 행동 이면에 따뜻한 인간적 면모가 드러나며 그의 이미지를 변화시킨 것이다. 그의 후원 덕분에 청각장애인단체「사랑의 달팽이」에서 지원 받은 여러 어린이가 수술로 건강한 하루를 살고 있다. 2003년부터는「아름다운 재단」에 암 환자를 위해 매월 기부하고 있다. 방송의 콘셉상 비호감을 유지하는지 몰라도 그의 생활 속 태도는 호감 그 자체라고 할 수 있다.

또 다른 연예계 비호감 스타도 있다. 바로 개그맨 김영철이다. 나에게 김영철은 호감 대상이라 비호감이라는 평가는 이해가 되지 않는다. 데뷔 19년 차 김영철이 비호감에서 호감형으로 변신하고 있는 건 불과 몇 해 되지 않는다. 인기를 얻거나 그 시대의 아이콘이 되려면 시대의 트렌트와 잘 맞아 떨어져야 하는데, 아마도 그의 개그 스타일은 시대의 트렌트와 잘 맞지 않았던 것 같다.

예를 들어 하춘화 씨를 패러디하는 그의 모습을 떠올리면, 특유의 긴 앞니를 드러내고 눈을 부릅뜨고 좌우로 돌리는 모습이다. 그녀를 패러디하던 김영철 씨의 모습은 과한 느낌이 들어 누구나 부담을 갖게 했다. 그런 탓에 악풀

호감의 기술

을 달고 살았다. 그가 어느 인터뷰에서 직접 밝힌 3대 악플 키워드는, 1.핵노잼 2.극혐 3.비호감이었다고 한다. 큰 상처가 될 법도 한데 '죽으라는 말은 없었다'며 간혹 재미있는 악플이 있어 웃기도 했다고 말했다. 정말 긍정의 사나이가 아닐 수 없다. 자그마치 15년이라는 긴 시간을 비호감의 대상으로 살며 어떻게 시종일관 개그맨의 자리를 지킬 수 있었을까?

그의 말에 따르면 조바심내지 않는 마음자세 덕분이라고 한다. 1등에 대한 열망으로 무리수를 던지지 않았고 스타들 곁에서 게스트로 스타를 빛내는 자리에 최선을 다한다고 했다. 스스로도 영어공부에 매진해 수년간 영어 라디오 코너를 맡아 진행할 만큼 부단히 노력해 비호감 이미지에서 스스로 벗어났다.

그러다 어느 순간 패러디가 하나의 장르처럼 유행과 맞물려 그야말로 때를 만난 덕도 있다. 특히 한동안 드라마 「밀회」의 김희애 패러디로 대중의 관심도 꽤나 받았다. 재밌는 건 나름의 철학으로 패러디를 멈추지 않던 어느 때, 방송에서 실제 김희애 씨와 「밀회」 씬을 재연하며 즐거움을 배로 준 일도 있다.

그렇게 김영철은 시청자에게 인정받아 갔다. 뿐만 아니라
독서도 굉장히 열심히 하고 도서관에 책을 기부하는 등 열
심히 사는 그의 모습은 호감을 얻고 있다.

과하게만 느껴지던 김영철 표 패러디 개그는 이제 인기를
더해가고 있다. 때를 기다리며 묵묵히 자신의 길을 걸어 온
그의 진정성은 「진짜 사나이」 같은 리얼리티 예능에서 더
빛을 발하고 있다. 조바심 내지 않고 긍정의 마인드로 자기
만의 길을 걸어온 것이 핵심 성공의 열쇠인 셈이다. 셀프 객
관화 작업이 성공하면서 대중의 비호감이 호감으로 바뀐
케이스다.

우리를 호감 있는
이미지로 만드는 것들

이쯤에서 호감이라는 감정에 대해 원론적 점검을 해보자. 사실 호감이 생기는 이유를 몇 가지로 단정 지어 말하기 어렵다. 누군가에게 호감을 느끼는 이유가 여러 가지듯, 상대도 나에 대한 호감의 이유가 많다. 자신이 생각하는 호감의 이유와 전혀 다르기도 하고 뜻밖인 경우도 있다. 머리부터 발끝까지 현란하게 꾸며 나를 눈여겨보게 만들 수도 있지만 특정 분야의 풍부한 지식에 호감을 느낄 수도 있다. 호탕하게 웃는 소리나, 커피를 마시는 모습도 이유가 된다. 이렇게 호감의 이유는 딱히 특정해 정의할 수 없어서 어디로 튈지 모르는 공 같기도 하다. 어떻게 해야 이토록 특정하기 어려운 호감을 만들고 가꿀 수 있을까?

우선, 나를 있는 그대로 보여주는 일이 기본이다. 인위적인 모습 없이 가장 나다운 자연스러움이 배어 나오기 때문이다. 왈가닥 여성에게 차분하고 조신한 처자 흉내를 내라 한 들, 오래지 않아 그의 성격은 곧 드러나고 만다. 결국, 그녀를 보는 사람도 어색한 분위기를 감지해 내고 말 것이다. 내 성격과 다른 태도를 콘셉트로 잡았기 때문이다. 오히려 자신의 본래 성격 그대로, 자신의 얼굴 생김새나 체형에 맞게 나를 다듬어 갈 때 호감은 증폭된다. 타고난 그대로를 여과 없이 보여주는 게 아닌, 타고난 그대로를 갈고 닦아 매력적인 나로 거듭나야만 호감형이 될 수 있다.

나이가 들며 사회 구성원들이 부담스러워하지 않는 모습으로 재정비되고 거듭날 때 호감의 이미지는 더 튼튼히 구축된다. 결국, 인간관계를 더 윤택하게 만들어 주는 일이다. 이런 이유로 이미지 메이킹 과정이 필요하고 일생동안 꾸준히 관리해야 한다.

예전에 가수 전인권을 인터뷰하기 위해 전국을 수소문한 적이 있다. 요즘은 전국을 다니며 공연도 하고 후배양성에

호감의 기술

도 큰 영향을 주는 등 왕성한 활동 중이다. 하지만 한때 전인권과 그의 가족들은 힘든 시간을 보냈다. 향정신성의약품 복용으로 구속도 되고 가수 활동도 전면 중단해 가장 힘든 때를 보내던 시기다. 힘겨운 시간과 사투를 벌이던 그 즈음, 그가 마약을 끊고 곡을 쓰며 새로운 인생을 준비 하고 있다는 소식을 들었다. 취재기자로 또 팬으로 천재 싱어송라이터 들국화 전인권의 부활을 직접 듣고 싶기에 온 사방으로 그를 찾았다. 그러던 중, 삼청동 자택에서 전인권 씨의 아내와 잠시 이야기를 나누게 되었다. (물론, 전인권씨 는 그 이후 만나 인터뷰에 성공했다) 자그마한 얼굴에 가녀린 체구, 화장기 전혀 없는 얼굴이었지만 듣던 대로 미인이었다. 전인권씨를 내조하는 데 한평생을 보낸 그녀였다.

"전인권 선생님의 어떤 면이 좋으셨어요?"

내 질문 뒤에 '평생 마음고생 시킨 남편이 어디가 그렇게 좋으셨어요…'라는 안쓰러움이 담겼었다. 하지만 그녀의 대답은 의외였다.

"손이 참 가늘고 길고 예뻤어요"

80년대 젊은 청춘의 마음을 사로잡은 대단한 스타인 전인권 씨에 대한 나의 생각과는 완전히 다른 대답이었다.

그렇다. 우리가 놓치는 매력의 포인트는 이렇게 사소한 것들이 의외로 많다.

언젠가 지인 부부를 만나 남편에게 아내의 어떤 점에 끌렸는지 물었다. 그는 아침에 만나 맡게 된 아내의 샴푸 잔향에 설레고 좋았다고 답해 웃은 일이 있다. 첫눈에 반한다는 것, 호감을 느끼게 되는 일이나 끌림이라는 요소에 대해 그 뒤로 그 부부와 한참 이야기 나눈 기억이 난다.

VJ 출신 장영란은 자신의 장점과 단점을 정확하게 진단한 사람 중 한명이다. 그녀는 VJ로 시작해 모델과 MC, 연기, 가수 등 다양한 활동을 했다. 근래는 홈쇼핑과 예능 프로그램에서 종횡무진 활동 중이다. 그녀가 수년 간 꾸준히 연예계 활동을 이어가는 힘은 자신의 단점을 억지로 감추려 들지 않고 내려놓는 자세에 있다. 사실 수개월 함께 출연한 프로그램에서 지켜본 그녀는 외적으로 참 예쁘다. 아이가 둘인 엄마라는 게 믿기지 않을 만한 몸매와 얼굴이다. 게다가 남편도 알려진 대로 호남형의 유능한 한의사다. 굳이 방송에서 그 어떤 여과 없이 자신의 생각을 너무 솔직하게 전하는, 약간은 푼수 같은 이미지를 굳이 고수할 필요가 없을지도 모른다. 그러나 장영란은 오히려 자신의 부족한 점을 솔직하게 드러내 놓는다. 아이가 둘이나 있는 주부라는 점도 아낌없이 드러내기도 하고 평소 자신의 무지함에서 오는 주부로서의 허점도 방송에서 그대로 보여 주기도 한다. 그런 행동은 시청하는 주부들에게 공감대를 형성했고 제2의 전성기를 맞이했다. 어쩌다 함께 출연한 다른 연예인들이 타박을 하거나 구박을 해도 자신이 모르는 일에 대해서는 과감하게 인정하다 보니 오히려 호감의 요소로 작용되고 있다.

사람을 두고 A급이니, B급이니 등급을 매기는 것에 말이 많지만, 여전히 대중들은 고급스러운 이미지의 연예인을 A급 스타로 여긴다. 거리감 없이 친숙하며 고급스럽지 않은 이미지의 연예인은 B급으로 느낀다. 사실 그런 평가가 억울할 수도 있고 위축될 수도 있다. 원망하고 탓하며 스스로 운신의 폭을 좁히는 경우, 오히려 B급에 머물며 그 벽을 깨지 못하는 경우를 많이 봤다. 하지만 그럼에도 불구하고 열정과 노력으로 스스로의 한계를 극복할 때 예상 밖의 결과를 얻는다. 비호감에서 호감이 되는 것은, 내가 아닌 다른 사람이 보고 느끼는 감정과 이미지에 달려있는 것이기에 내가 노력하지 않고는 결코 바뀔 수 없다.

생각은 말을 만들고 말은 태도를 만들고 태도는 관계를 만든다

보통 대화를 통해 상대의 사고방식이나 인생철학 등은 어느 정도 가늠된다. 물론 성격도 일부 드러난다. 외골수라고 불리는 사람들은 보통 한 가지 일에 몰입하는 탓에 다른 것에는 관심을 두지 않는다. 그러다 보면 다른 사람과 관계 형성이 되지 않거나 오래 지속되지 못한다. 궁금한 대상은 되지만 호감의 대상이 되지 못하는 이유다. 가까이 하기에 뭔가 나와 다르게 느껴지고 관계 자체를 꺼려하는 것 같아 보이기 때문이다.

반대로 많은 사람이 관계를 맺고 싶어 하는 대표적인 유형은 매사에 적극적이고 리더십 충만한 사람이다. 내적인 면으로는 대화가 자연스럽게 이어지고 나와 비슷한 사고 방식을 가진 사람이다. 소통이 잘 되는 것도 중요한 요소다. 말없이 앉아 있어도 서로의 컨디션이나 감정을 이해하고 있다는 느낌을 주고받는 사이다.

같은 것을 보거나 들었지만, 생각하는 지점과 판단 기준이 나와 전혀 다른 사람이라면 사고방식이 다른 사람이다. 그런 사람과 함께 있으면 에너지가 빠지고 스트레스와 피로감을 느끼니 호감과는 정반대의 느낌을 받을 게 뻔하다.

내 지인 중 한 명은 나와 나이가 같다. 그와는 항상 같은 거리가 지속된다. 밝고 친화적인 스타일이어서 친해질 수도 있지만 거리가 좁혀지지 않는다. 만날 때마다 겉도는 대화 때문이다. 나는 상대가 나의 외모에 대해 평가하는 걸 좋아하지 않는다. 하지만 그는 나의 그 날 옷차림이나 메이크업, 헤어에 대해 줄곧 이야기 하며 칭찬과 설명을 이어가는 말이 대화의 대부분이다. 그러다 보니 어쩌다 마주쳐도 빨리 안부나 묻고 지나친다. 아무리 오래 봐도 이 사람과 감정을 나누는 사이가 되지 못할 게 뻔하다. 공감의식이 없는 사람이라 같이 있는 게 불편하기 때문이다.

호감의 기술

삶이란 다른 사람과 이루는 조화다. 모난 돌이 부딪히고 깨지며 둥글게 빚어지는 것처럼 말이다. 여러 사람과 공통의 목표를 나누고 사람 사이에서 어우러지기를 반복하는 일이다. 소통이 되지 않는다는 건 인생의 스텝이 꼬인 것과 같다. 불통의 이미지는 상상만으로도 불편하다. 소통이란 말 그대로 통한다는 말이다. 나와 내 주변의 것들을 돌아보는 마음과 같은 맥락이다.

대학 선배인 이금희 선배를 보면 낮은 자세, 먼저 다가가는 처세술을 배우게 한다. 20년간 진행했던 「아침마당」에서 매일 아침 다른 사연을 가진 출연자에게 관심을 보이며 귀를 기울인다. 질문과 공감으로 출연자는 물론 시청자들까지 편안하게 만드는 훌륭한 자질이다. 지치거나 우월감 빠질 법도 한데 선배는 가식적인 모습은커녕 한결같이 다가가는 자세로 정겹고 진솔한 느낌을 준다. 이산가족 찾기 시기에 가족을 찾으러 나온 출연자 앞에서 무릎을 낮춰 앉으며 함께 눈물 흘리던 모습은 소통의 끝판왕 이미지를 제대로 보여줬다. 스타 진행자로 오랜 시간 머문 탓에 루머도 따랐다. 방송에서 보여준 모습과 실제 모습이 다르다는 둥,

가식적이라는 식의 소문이었다. 하지만 취재하며 소통대왕인 그녀를 정확하게 느낄 수 있었다.

매 학기가 시작될 때 학생 한 사람, 한사람의 인생목표와 집안 환경, 포부나 성격을 파악하기 위해 1대 1 면접 시간을 갖는 그녀였다. 어느 방송관계자는, 초심을 잃지 않고 따뜻하게 다가가는 이금희 아나운서에 대해 헛소문이 있는 게 속상하다고 할 정도였다. 함께 방송 해온 관계자들에게 그녀는 빵공주로 불리곤 했는데 더빙이라도 해야 할 때 제작사에 빈손으로 온 날이 없어서였다. 방송은 나 혼자 잘나서 만들어지는 게 아니라 각 분야 프로가 모여 함께 만들어 가는 일이란 걸 잘 알고 있던 거다. 그런 기본 마인드가 투철했기에 그녀는 자신을 중심으로 모인 프로그램 출연자와 제작진 모두에게 먼저 다가가 관심을 보일 수 있었다.

결국 그런 소양이 추종을 불허하는 독보적인 아나운서로, 또 장수프로그램 진행자로 사랑을 독차지하게 만들었다.

주변을 챙기는 따뜻한 그녀의 존재는 하차 때도 빛났다. 2016년 여름 「아침마당」 하차 보도가 나왔을 때다. 당시 시청자 게시판에는 반대 의견이 넘쳤다. 어르신들은 직접 방송국으로 전화해 반대입장을 강하게 피력하기도 했다. 시청자들이 그토록 오랜 시간 이금희 아나운서를 가족처럼 바라봤던 비결은 배려하는 따뜻함이었다. 그녀의 이미지는 다듬어진 게 아니라 그녀 자체였던 것이다.

있는 그대로의
이미지 메이킹을 하고 싶다면 이들처럼

사람이 별 볼 일 없어 보이거나 상대하기 싫은 사람으로 보이는 때는 자신을 포장하고 가식적인 감정표현을 할 때다. 스스로 높아 보이려는 태도가 깔려 기고만장하거나, 대단한 사람인 냥 자만을 드러나 보일 때다. 아마 그런 사람에 대해 존경심이 우러난다고 하는 사람은 없을 것이다. 오히려 비호감 덩어리로 느껴져 상대하기 싫거나 기피하고 싶은 사람이 돼 버린다. 대체로 사람끼리 용서하기 어려운 경우가 거짓으로 일관하는 태도를 보일 때다. 누구나 크고 작은 잘못을 하기 마련이니, 잘못된 일을 솔직히 인정하고 용서를 구하면 시간이 걸릴지라도 결국 용서받는 경우

호감의 기술

가 많다. 하지만 인정대신 무언가 핑계를 대며 둘러대고 합리화하려는 태도를 보이는 사람은 영원히 아웃된다. 솔직함이 완강히 얼어붙은 마음도 녹이는 커다란 에너지를 가졌기 때문이다. 대단한 실력으로 자기 분야에서 승승장구하는 누군가가 있다고 치자. 주위 칭찬이 자자하고 모두가 부러워할 때라도 겸손은 호감의 무기가 된다. "과찬이십니다. 앞으로 더 노력하겠습니다."라고 자신을 낮추는 태도는 호감을 넘어 그를 응원하게까지 만든다.

방송인 중에도 당황스러울 만큼 솔직한 자세로 대중에게 다가간 사람이 있다. 바로 아나운서 전현무다.

수년 전「생생정보통」프로그램의 연예코너를 함께 진행했었다. 당시 전현무는 비호감 캐릭터에서 간신히 빠져나와 대세 아나운서로 상승세를 타기 시작한 때였다. 그의 반전의 무기는 솔직함이었다. 깔끔하게 외모를 정돈하고 방송에 임하지만 시청자에 대한 예의 차원에서 꾸미는 정도일 뿐, 튀거나 돋보이려고 애쓰지 않았고 오히려 정보를 정확히 전달하며 자신의 명석한 두뇌를 자랑하려 들지 않았다. 이따금씩 예능 프로그램에 출현해 망가지는 것도 주저하지 않았다. 그의 스펙을 알고 나면 솔직하다 못해 망가지는 진행방식이 납득이 되지 않는다. 외고 출신에 영어와 중국어에도 능통할 뿐 아니라 명문대학을 졸업한 그다. 통신사 기자생활부터 남들이 합격을 꿈꾸는 언론사와 방송사에 한 번에 합격한 인재였다. 그런 전현무는 자신의 신체단점인 '털'을 스스럼없이 발언하고 막춤과 출연자들끼리의 '디스'도 호탕하게 웃어 버린다.

이후 소속을 벗어나 프리랜서 선언을 깊이 고민하던 때 우연한 식사 자리에서 내가 묻자 다음과 같이 답했다.

"누나가 보다시피 난 그다지 잘생긴 외모가 아니잖아. 키가 크거나 여성팬이 줄지어 좋아하지도 않지. 어르신들이 오히려 나를 더 좋아해 주시고 편안한 모습을 좋아해 주시는 분들이 많으니까… 내 생긴 대로 방향을 잡은 거지 뭐"

당시 그는 뉴스와 교양프로그램 진행 중이었지만 예능 진행자로 성공을 희망하고 있었다.

그 뒤 수년이 흐른 지금, 전현무는 명실상부 대세 MC이자 예능 진행자로 우뚝 서 있다.

스타의 생명인 인기를 얻은 것이다. 그의 인기 비결은 자신을 인위적으로 포장하지 않고 있는 그대로 받아들이고 솔직하게 표현한 것에서 비롯된 것이다. 지극한 솔직함으로 그는 스타 MC가 되었고 이제는 오히려 그 누구보다 잘생겨 보이기까지 해 여성 팬이 많이 따르고 있다.

만약 그가 자신의 이미지에 맞지 않는 표현방식을 택했다면 지금의 상황과는 전혀 다른 상황에 있지 않았을까?

요즘 10대부터 중년의 여심까지 사로잡은 스타가 있다. 바로 박보검이다. 그의 어떤 매력이 세대를 초월한 여심을 사로잡아 버린 걸까? 잘생기고 키가 크거나 얼굴이 작아서라면 모든 연예인에게도 공통적인 이유밖에 되지 않는다. 그는 자신의 성장 과정이나 어려웠던 과거를 있는 그대로 자연스럽게 드러냈다. 어머니를 일찍 여의었고 청소년 시절 아버지의 사업 연대보증으로 수억의 빚을 졌다. 이후 법의 도움으로 일부는 갚고 일부는 구제받으며 힘든 늪에서 빠져나올 수 있었다. 그즈음부터 날개를 단 듯 차세대 스타로 등극해 광고와 많은 작품에서 활발히 활동하고 있다. 만약 그가 어려웠던 지난 일들을 지우기에 급급하고 지금의 연예 생활을 지속하는데 만 몰입했다면 대중은 그의 과거를 듣고 어떤 반응을 보였을까? 오히려 갖고 있던 호감이 실망으로 이어졌을 게 뻔하다. 그러나 박보검은 겸손했고 힘들었던 시절을 되새기며 동료와 스태프 모두에게 감사의 표현을 아끼지 않았다. 감사하다는 인사를 버릇처럼 했던 그는 갈고 닦았던 배우로서의 재능이 발휘되며 '국민 호감 청년'이라는 별칭을 얻었다.

스타를 떠올리면 화려하고 인기를 누리며 무엇이든 값비싸고 좋은 것들을 누릴 것으로 생각한다. 어쩌면 스타로 살아가는 사람이 평생 안고 가야 하는 게 대중의 선입견이라고 해도 무방하다. 그래서 완전히 자유로운 삶을 추구하는 사람들은 연예계에서 성공적인 인물로 살아남기 어렵다. 오랜 세월 자기와 싸움, 무한 경쟁 속에 버티는 삶이 결코 쉽지 않기 때문이다. 스타의 삶을 그냥 쥐어 준다 해도 이런 성향은 성공적인 스타의 길에 이르지 못한다.

오랜 시간 취재하며 만나온 스타들은 평상시 모습과 대중에게 보이는 자신을 명확히 구분하며 사는 사람이 대부분이었다. 영화제나 각종 미디어 매체와 관련 행사에 참석할 때는 둘째가라면 서러울 정도의 화려함 그 자체다. 하지만 평소 사적인 자리에서는 '옷이라도 신경써서 입고 나오지… 또는 얼굴에 뭐라도 좀 바르고 나오지…'라는 생각이 들 정도로 소박한 모습이 대부분이다. 이런 그들의 모습에서 오히려 인간적인 면모를 엿보게 되니 훈훈하고 따뜻한 에너지를 받을 때가 많다.

내가 송지효를 처음 만난 건 드라마 「주몽」이 끝나고 2년쯤 지난 뒤였다. 「런닝맨」에서 보여지는 털털하고 남자 형제 같은 반전 이미지로 인기가 막 올라가던 때였다. 만나기로 한 곳에 일행들은 이미 도착해있었는데 송지효는 보이지 않았다. 시간이 흐를수록 무슨 일이 생긴 건 아닌지 걱정이 들었다. 동료들에게 물어보니, 스케줄이 없을 때에는 주로 자전거를 타고 이동하기 때문에 일산에서 여의도까지 나오는데 조금 늦어지고 있다는 거다. 그 말을 들으며 내심 '무슨 콘셉트 아냐? 소박함 코스프레 같은 거?'라는 생각이 스쳤다. 그러나 얼마 지나지 않아 식당으로 들어온 그녀의 모습은 누가 봐도 지금 막 자전거에서 내린 모습이었다. 해맑게 웃으며 2시간 정도 걸러 왔노라 말하는 그녀에게 굉장히 밝고 맑은 기운이 느껴졌다. 마치 평생 잊히지 않을 첫인상처럼 말이다. 그 뒤 어떤 경로를 통해 소식을 접해도 소박한 이미지로만 기억되니 사치를 견제하는 스타의 삶은 좋은 이미지를 남기는 훌륭한 매개체임에 틀림없는 것 같다.

거품을 걷어낸 사람들의 삶의 철학 : 무위자연

춘추전국시대 대표 제자백가의 한 사람이 노자다. '무위자연'을 주장한 철학가로도 널리 알려져 있는 노자는 대표적인 철학서인 『도덕경』에서 겸허하고 겸손한 삶을 설파한다. 도덕경 9장에는 세속적인 부귀영화를 추구하는 삶을 경계하는 명언들이 수록되어 있는데, '이정도면 충분하다'는 마음가짐을 가질 것을 종용하고 있다.

겸허한 삶은 언제 멈추고, 언제 놓아 보내고, 언제 우리 노력에 대한 열매를 즐겨야 할지를 안다는 것이다. 따라서 더 높은 지위, 더 많은 재산, 더 강한 권력을 쫓는 것은 이미 잘 갈아놓은 칼을 또다시 숫돌에 가는 것만큼이나 어리석다고 말한다. 또한 노자는 청빈한 삶에 대해 강조한다. 재산을 모아 축적하는 것을 경계하라고 한다. 이러한 태도는 소중한 삶을 낭비하고 계속 더 많은 것을 필요로 하게 만든다고 말한다. 옛말에 안분지족이라는 말이 있다. 절제할 줄 아는 삶의 태도를 일컫는 말인데 실제 실천은 어렵다. 이런 삶의 이치를 깨달은 현인들의 철학은 오늘을 사는 우리에게 길잡이가 돼주는 지혜다. 남들보다 더 튀려고 무리수를 빚는 삶, 다른 사람과의 극단적 비교로 조바심내다 자신의 페이스를 놓쳐 실패하게 되는 삶은 고통이다. 이런 삶의 방식을 경계하고 나만의 인생 호흡을 조절하고 유지할 수 있는 삶이야말로 행복을 전염시키는 지혜로운 삶이다.

자신에게 맞는 이미지를 구축하라
이미지는 하루아침에 형성되는 것이 아니다

인기를 얻는다는 것은 대중의 마음을 얻는 것이다. 다시 말해 스타가 된다는 건 그의 이미지가 대중의 마음에 들었다는 말이다. 인기의 시작은 호감이고, 그 결정은 이미지에서 비롯된다. 이미지는 하루아침에 만들어지는 게 아니다. 오랜 시간 차곡차곡 쌓여 완성된다.

뉴스를 똑 부러지게 진행하는 앵커가 있다고 가정해보자. 냉철하고 정확하게 진행하는 게 앵커의 역할이다. 남자 여자를 막론하고 앵커에게 갖는 일반적인 이미지는 '똑똑하겠다', '바늘로 찔러도 피 한방을 안 나오겠다', '도도하다' 등이다. 그가 퇴근 후 집으로 들어가서도 같은 태도로

호감의 기술

대화를 한다면 어떨까? 마치 언론 보도하듯 냉철한 말투로 식구들과 이야기할 수는 없다. 그런 사람이라면 사회 속의 나와 가정 속의 나를 구분 짓지 못하는 사람이다.

사회 구성원으로 이미지를 쌓는 데는 오랜 시간이 걸린다. 반면, 이미지를 실추하는 데에는 그리 오랜 시간이 걸리지 않는다. 사람은 자기의 직업과 하는 일에 따라 이미지를 만들며 살아간다. 거기에 세월이 더해지며 이미지로 구축된다. 그렇게 완성된 이미지가 실추되는 상황이 발생하면 사람들은 큰 실망을 느끼고 그 사람을 외면해버린다. 이미지가 실추되고 인기가 추락하는 데 걸리는 시간은 거의 일순간이라고 봐도 무방하다. 그렇기에 몰입하거나 심취할 수 있는 건전한 취미활동을 통해 나를 다잡을 필요가 있다. 스타에게 있어 이미지는 곧 생계와 직결되기에 절대적으로 중요한 요소라 할 수 있다. 휴식기를 흥청망청 보내거나 허탈하고 불안한 마음으로 여러 유혹에 빠져 보내면 대중은 실망하고 외면해버린다. 스타들이 마약, 도박, 폭행 등의 물의를 빚게 되면 어쩌면 이전의 인기는 영영 복귀되지 않을 수도 있다.

인기는 신기루 같아서 늘 스타들을 불안하게 만든다. 잡은듯 해도 완전히 잡은 게 아니며, 언제 사라질지 몰라 늘 불안하다. 무명은 무명대로, 신인은 신인대로, 스타는 스타대로 늘 같은 선상의 경쟁자와 치열한 경쟁을 하며 인기를 다투기 바쁘다. 그러니 허탈하고 불안한 마음을 달래는 나만의 기술이 절실히 필요하다. 공식 활동을 하지 않는 시간 동안 자신의 성정을 어떻게 다스리고 어떻게 시간을 쓰느냐가 인기를 유지하고 입지를 다지는 관건이다.

우리는 건전한 취미 생활에 몰입하는 스타들의 삶을 주목할 필요가 있다. 그들은 인기의 업다운에 동요되지 않고 사는 법을 터득한 사람들이다.

대중들은 연예인의 이미지와 평상시 사생활 관리, 자기 관리의 상관관계에 대해서 어떻게 생각할까? 필자가 진행한 '공인(연예인)들이 꼭 갖춰야 할 덕목은 뭐라고 생각하는가?' 설문조사에 따르면 스타에게 호감 이미지가 얼마나 중요한 것인지를 알 수 있었다. 특히 대중들은 연예인들의 평소 생활과 호감 이미지를 매우 밀접하게 연관 짓고 있음을 볼 수 있었다. 조사에서 연예인이 갖춰야 할 덕목이 무엇인지를 물었는데, 응답자 52%에 해당하는 32명이 연예인의 모범적인 행실을 꼽았다. 이어서 42%에 해당하는 26명의 응답자들은 꾸준한 자기관리를 갖춰야 할 덕목으로 보고 있었다. 또 다른 질문에서 스타의 어떤 부분에 호감을 느끼는지를 물었는데, 응답자의 56%에 해당하는 35명이 스타들의 평소 처신이 가장 중요하다고 답했다.

EX) ————————————————————————————

Q1. 공인(연예인)들이 꼭 갖춰야 할 덕목은 뭐라고 생각하나요?

　　1. 반듯한 이미지 (4명+2명/10%)

　　2. 모범적인 행실 (24명+8명/52%)

　　3. 꾸준한 자기관리 (20명+6명/42%)

　　4. 인맥관리 (0명+1명/2%)

Q2. 스타의 이미지 중 주로 어떤 부분에 호감을 느끼나요?

　　1. 목소리와 언변술 (5명+3명/13%)

　　2. 인상 (14명+6명/32%)

　　3. 평소 처신 (28명+7명/56%)

　　4. 선행 참여 여부 (2명+1명/5%)

지난해 예능계의 새로운 대세로 눈길을 끈 이가 바로 솔비다. 솔비는 지난 2006년 혼성그룹 「타이푼」으로 데뷔해 어느덧 연예계 생활 10년 차를 넘겼다. 하지만 그녀 연예계 생활은 그리 녹록하지 않았다. 가수로서 주목을 끌었던 시간보다 패션, 방송 태도 등으로 주목받았던 시간이 더 많았고 그 때문에 악플에 시달리기도 했다. 솔비가 과거 자신의 비호감 이미지에 대해 언급한 적이 있다. 스타라는 꿈을 가지고 연예계에 데뷔한 솔비는 솔직한 입담으로 예능 유망주로 급부상했지만 꿈을 이뤘다는 행복도 잠시, 무리한 스케줄로 건강이 악화됐다고 했다. 급기야 방송 프로그램에 나가도 짜증이 났던 그녀는 막말을 하고 감정을 표출하는 등 브레이크 없는 스포츠카 같았다고 그때를 회상했다. 그 까닭에 악플이 쏟아지자 예뻐지면 될 거라 생각하고 회사와 상의 없이 생방송 일주일 전에 성형을 했다고 밝혔다. 하지만 오히려 비호감으로 낙인찍히고 말았다는 것이다. 엎친 데 덮친 격으로 악성 동영상 루머로 몸살을 앓기도 했다.

그 뒤 솔비는 그림 치료를 받으며 우울증을 조금씩 극복할 수 있었다. 자신을 옥죄었던 SNS에서 실종 아동 찾기 프로젝트를 진행하며 SNS와 화해하는 방법을 선택한 것이

호감의 기술

다. 비뚤어질 수도 있고 위축돼 음지로 숨어 버릴 수도 있었지만, 그녀는 오히려 치유의 방법을 적극적으로 찾고 그것을 아예 자신의 삶 일부분에 들여놓았다. 솔비는 그림을 통해 자신감을 찾고 SNS를 통해 개념 발언 등을 용기 있게 쏟아 내기도 했다. 이런 일들은 그녀를 비호감으로 바라보던 대중의 시선에 많은 변화를 일으켰다. 소위 '개념 연예인'의 대표주자 격으로 바라보는 시선이 생긴 것이다. 뿐만 아니라 취미와 자기 치유로 시작한 그림을 꾸준히 한 결과 실력도 쌓았다. 취재에 의하면 그녀가 그린 작품 중 몇천만 원을 호가하는 그림이 있을 정도였다.

필자와 오랜 기간 알고 지낸 여배우 문정희도 긍정의 취미 생활로 가정과 대인관계를 성공시킨 인물이다. 라틴 음악과 댄스에 관심이 깊던 문정희는 오랜 시간 꾸준히 연마해온 라틴댄스로 이미 프로의 세계에서도 정평이 나 있을 정도의 실력파다. 전문가 수준인 그녀는 서울 재즈 페스티벌을 통해 라틴을 소개하는 기획을 하기도 했다. 영화 '바람의 전설'에서 매혹적인 모습으로 라틴댄스를 추던 명장면은 오랫동안 회자되기도 했다. 몰입한 취미가 생업에도 결정적인 영향을 끼친 사례다. 위 두 경우 모두 취미로 본업을 더 알차고 충실하게 지켜낸 사례다.

　인생은 바이오 그래프와 같아서 높이 올라갈 때도 있고 낮게 내려갈 때도 있다. 어느 지점이든 힘든 건 마찬가지다. 높이 올라갈 때도 오르는 일 자체로 힘들고 내려갈 때는 불안해서 힘들다. 누구나 슬럼프도 위기도 온다. 그럴 때마다 흔들림 없이 자기 자신을 지키려면 꾸준히 몰입할 수 있는 나만의 세상을 만들어야 한다. 그래야만 일생을 통해서 이루려는 목표에 흔들림 없이 자신을 지키며 그 길을 갈 수 있다. 계절의 변화가 있듯 인생에도 비바람 치는 날과 화창한 날이 있다. 특히 비바람 치는 시기가 자신이 쌓아온 이미지를 흔들어 놓는 가장 위험한 때다. 그런 위기를 극복하게 만들어 주는 게 바로 취미다.

　프랑스의 철학가 몽테뉴가 『에세』에서 말한 '나만의 방을 만들라'는 메시지와 일맥상통한다. 자기가 일생을 거는 일과 더불어 꾸준히 할 수 있는 나만의 취미를 찾아 몰입해온 스타들은 자기 관리에 실패하지 않는다. 이들이 호감의 이미지를 만든 지혜를 통해서 우리도 스스로를 관리해 나가는 방법을 배워야 하는 이유다.

공자 왈 "무언가를 배우고 때맞추어 그것을 복습한다면 기쁘지 않겠느냐? (중략) 남이 나를 알아주지 않더라도 노여워하지 않는다면 역시 군자답지 않겠느냐?"

배우고 갈고 닦는 일을 당장 출세를 위해서 혹은 자신을 뽐내고 싶어서 해서는 안 된다. 남들 앞에 섰을 때 떳떳하게 내공을 다지려는 준비의 일환이어야 한다. 지금 당장 나를 알아주는 사람이 없다 해서 현실을 원망하고 움츠리고 있어도 안 된다.

아침이 되면 해가 뜨고, 밤이 되면 해가 지고 달이 뜨듯, 나를 알아주는 이가 반드시 나타나기에 늘 준비된 사람이어야 한다. 누구나 일생동안 세 번의 기회가 찾아온다고 했다. 기회가 왔을 때 준비가 안 돼 있거나 자격을 갖추지 못해 기회를 놓친다면 정말 억울한 노릇이다. 언제 올지 모를 기회를 기다리며 준비하는 건 미련한 게 아니냐는 질문이 있지만, 기회라는 것은 예고하고 찾아오는 것이 아니다. 그러니 365일 꾸준히 배우고 닦으며 준비해야 한다.

어려움에 처해도, 난관에 봉착해도, 슬기롭게 헤쳐 나가는 방법이 바로 긍정의 취미 생활이다. 마음이 풀어지고 긴장이 느슨해지고 방심하게 되는 순간 사람은 내가 걸어온 인생길에서 이탈하기 쉽다. 그렇기에 힘든 시간을 버티고 이겨내기 위해서 무언가 정신을 집중할 수 있는 것을 찾고 거기에 에너지를 넣으며 본업과 병행해야 한다.

현실 타계용으로 시작한 취미라도 열심히 몰입하다 보면 전문가의 경지에 오를 수 있다. 또 한편으로 그렇게 쌓인 실력이 우리에게 또 다른 활로를 찾아줄 수 있다.

5장

호감을 유지하는
소통의
기술

호감이라는 감정을 유지하려면
소통은 필수

　취재기자 시절, 소통이 얼마나 중요한지 깨닫게 되는 일들은 비일비재했다. 마음에 있는 의중을 제대로 표현하지 못해 오해를 낳거나, 서로 감정이 어긋나 그 감정을 푸는데 꽤 많은 시간이 걸리는 일도 잦았다.

　드라마 세트장에서 배우들 인터뷰로 하루를 꼬박 보낸 날이 있다. 야외에서 사극 분장을 하고 연기하는 배우들의 고충은 대단했다. 우리 취재진은 배우와 전체 스태프에게 방해가 되지 않도록 각별히 신경을 써야했다. 인터뷰라는 목적이 있었지만 그런 환경에서 하는 취재는 여간 힘든 게 아니었기에 우리도 이내 지쳐버렸다. 이슈가 되는 드라마를 시청자에게 소개하는 게 기자와 PD의 일이고, 드라마가 뜨면 배우도 홍보돼야 하니 서로에게 필요한 존재지만 이 두 관계는 가깝고도 멀다.

대부분의 주요 배우 인터뷰와 스케치가 마무리되어 갈 때쯤 이제 중요한 배우 한 사람의 인터뷰가 남아 있었다. 그런데 해당 배우의 매니저가 와서는 매우 불쾌한 표정과 말투로 인터뷰 하지 않겠다고 말했다. 통상 인터뷰를 하지 못해도 서로의 컨디션을 설명하며 이해를 구하고 거절하는 게 예의다. 하지만 그 매니저는 기본적인 예의조차 보이지 않았다. 해당 배우가 신인 시절 매우 유쾌하게 인터뷰에 적극적으로 임했던 기억이 있어 매니저의 태도는 정말 당황스러웠다. 배우를 대변하는 역할이 매니저다. 매니저는 해당 배우의 의중이 전혀 없이는 그런 행동을 결코 하지 않는다.

'아 떴다고 변했구나'

순간 머리에 떠 오른 생각이다. 거두절미하고 인터뷰는커녕, 스케치도 안 하겠다는 그는 카메라 감독과 취재기자인 나를 내쫓다시피 했다.

돌아오는 내내 '언론을 필요할 때만 이용하는 도구로 봤구나'라는 생각이 떠나지 않아 허탈했고 분했다. 나 역시 예의 없던 그 매니저에게 불쾌감을 드러내긴 했지만 분이 풀리지 않았다. 그런데 그 상황이 소속회사로 전달이 되었던 모양이다. 이른 아침부터 전화와 문자가 와 있었다. 매니저였다. 통화해 보니, 배우가 현장에서 많이 지쳤고 취재에 제대로 응대하기 어려울 거 같아 협조를 구하게 된 거라 했다. 다만, 매니저를 통해 전달되는 과정에서 그 배우의 거절 메시지만 부각돼 전달되다 보니 실수가 있었다며 사과했다.

이래저래 조목조목 이야기를 모두 듣고 나니 결론은 소통의 부재였다. 다소 피곤하더라도 선과 후를 설명하며 서로의 의견을 나눴더라면 불필요한 감정 소모 없이 오해도 없을 수 있었는데 아쉬웠다.

사람 사이 소통에 가장 필요한 것이 대화다. 그래서 현명한 연예인들은 매니저가 큰 틀에서 공식적인 일을 봐주더라도 시간과 장소, 상황이 허락하는 한 직접 나서 자기 생각이나 계획과 입장을 말한다. 직접 기자들과 교류하고 팬들과 교류하는 스타일의 연예인들은 힘들고 어려운 일이 생겨도 그 상황을 빠져 나올 길이 생긴다.

대체로 팬들과 기자들이 그의 성향을 파악하고 있기 때문에 섣부른 오해로 그를 단정하고 외면하는 일은 없다. 그래서 오랜 세월 스타의 자리를 유지하는 사람은 나를 제대로 알리기 위해 기자들과 팬들, 동료들과 부단히 대화를 시도하고 인간관계를 소중히 관리한다.

생김새가 다르듯 성격도 제각각이며 가치관과 생각도 모두 다르다. 내 생각과 다른 사람을 무턱대고 미워할 수는 없다. 나와 판단이 다르다고 적대시할 수도 없다. 만약 그렇다면 매우 이기적이고 편협한 사고로 인간관계를 망치고 말 것이다.

끊임없이 내 생각을 외부로 알리기 위해 적절한 노력이 필요한 이유다. 물론 혼자 가슴에 품고 있는 것들도 있다. 그 외에는 사람 사이 어떤 판단이나 태도에 대해 이해를 구하고 납득시키기 위해서, 다시 말해 명분을 세우기 위해서라도 내가 가진 가치와 사고를 내 범위 안에 있는 사람들에게 말로써 전해야 한다.

독심술이 있지 않고서야 남은 내 마음을 알 수 없다. 대화를 통해서 서로의 이견을 좁혀가고 함께 있는 다른 사람의 견해차도 알 수 있다. 부지런한 대화 없이는 인간관계가 길게 유지되기 어렵다. 때론 오해를 낳을 뿐 아니라 그 오해로 더 큰 오해가 야기되기도 한다. 그러니 자신의 주변에 사람이 많고 적고는 모두 나의 노력 여하에 달려있다.

내 생각을 알리고 상대의 생각을 아는데 게을러서는 안될 것이다. 소통을 부지런히 하는 사람은 설령 불통의 장벽에 맞닥뜨려도 그것을 뛰어넘을 수 있다.

소통할 때는 우선, 나의 입장보다 다른 사람의 입장에서 배려하는 자세로 말을 해야 한다. 말은 자신의 감정과 생각을 표현하는 수단이다. 말은 생각과 느끼는 것을 표출하는 도구다. 글을 잘 쓰는 사람이라고 말을 잘하는 건 아니다. 예전이라면 말보다 글로 상황을 설명하고 생각과 감정을 나누는 게 익숙했다.

하지만 지금은 자신 스스로 본인을 홍보하는 셀프 홍보 시대다. 이제는 다른 사람에게 나를 강렬하게 어필하고자 할 때 말하는 실력으로 결과가 판가름 나는 시대다. 사실, 말 잘하는 달변가가 말을 잘하는 것은 아니다. 다른 사람과 대인관계 속에서 주고받는 의사소통을 잘하는 사람이 말 잘하는 사람이다.

한류스타 A는 개별적으로 만나 인터뷰하기 어려운 스타다. 지금도 그렇지만 과거에도 취재기자와 단둘이 앉아 나누는 인터뷰를 잘 하지 않기로 유명했다. 한때 그가 출연한 로맨틱 코미디 영화가 선풍적인 인기몰이 후 한류스타가 됐지만, 광고로만 얼굴을 봐야 했던 시절이 있었다. 그로서는 슬럼프를 겪는 시기였다. 그러다 몇 해 전 배우로서 존재감을 다지기 위해 활동을 재기하며 연기 변신을 꾀했다. 아름다움의 대명사 격인 그녀가 화장기 거의 없이 헝클어진 머리를 하고 캐릭터로 변신을 시도한 것이다. 그 전 그녀의 이미지를 생각한다면 그런 변신은 파격이라 할 수 있었다. 그렇기에 자신의 변신을 설명하기 위해서라도 적극적으로 인터뷰가 필요했던 상황이었다.

그 무렵, 영화 개봉도 앞두고 있어서 모처럼 인터뷰가 잡혔다. 소속사에서는 혹여라도 기자가 약속된 질문 외의 것을 물어서 배우를 난처하게 할까봐 촉을 세우며 기자와 배우 곁에서 주시했다.

꽤 오랜 시간 준비한 모든 질문을 했고 답을 들었다. 하지만 그의 대답은 어딘지 모르게 거의 유사했다. 배우는 사전에 홍보팀과 정해둔 영화 캐릭터에 대한 답변 중심으로

만 답을 했다. 살아있는 생동감 넘치는 인터뷰는 전혀 없었을 뿐 아니라, 모든 게 도돌이표처럼 정해둔 답을 읊조리던 그 날의 인터뷰는 불통의 자리가 되고 말았다.

소통된다는 것은 공감이 된다는 말과 같다. 대화를 통해 뜻이 통하고 생각이 통하면 공통의 감정을 갖게 되고 그것이 공감으로 이어진다. 공감을 느끼면 깊은 호감을 느끼게 된다. 서로에게 울림을 주고 감정을 교류했다는 긍정의 메시지가 울린다.

반면 일방통행처럼 감정이 교류하지 못하고 생각도 뜻도 교류하지 못하면 불통의 대화가 되어 상대에게 좋은 호감을 살 수 없다.

생각 없이
말하지 말자

별 뜻 없이 한 말에 상대의 감정은 폭발해 버릴 때가 있다. 대수롭지 않게 던진 한마디에 왜 그리 화를 내는지 의아하다고 말 할 수도 있다. 하지만 그건 상대를 배려하지 않은 태도다. 멋지고 잘 생긴 누군가에게 '못 생겨가지고는…'이라며 농을 건네면 그저 한편으로 웃고 넘길 만하다. 하지만 정말 누가 봐도 못생긴 사람에게 그런 농을 건네면 인격 모독성 발언으로 인식되거나 상대의 가슴에 큰 상처를 줄 수 있다.

무심코 던진 돌에 개구리는 맞아 죽는다고 했다. 마찬가지로 말이라는 건 때와 장소를 가려 해야 불필요한 오해와

호감의 기술

상처를 낳지 않는다. 그뿐 아니라 성향과 성별, 나이와 직업 등도 고려해야 한다.

말의 부작용은 때로 감당하기 어려운 수준으로까지 발전되기도 한다. 복잡한 논쟁이 시작될 수 있을 뿐 아니라. 호감을 잃게 만드는 치명적인 실수가 되기도 한다.

개그맨 장동민과 가수 유희열, 윤종신도 한때 잘못 내뱉은 말로 곤욕을 치렀다. 그 중 한가지 경우는 팟캐스트에서 과거 코디네이터와 일화를 이야기하던 중 선을 넘는 폭력적 발언이 알려지면서다. 여론이 들끓었고 결국 장동민은 무한도전 새 멤버로 거론되던 일까지 무산됐다.

물론 이들 모두 진정성 있는 사과로 여론을 잠재우긴 했다. 소위 잘 나가는 스타라도 말 한마디가 얼마나 큰 치명타를 줄 수 있는지 생각하게 만드는 일이다. 이처럼, 말의 내용은 언제나 부지런히 점검해야 한다. 사람들과 이야기하며 대화의 주도권에 집착하거나, 대화의 주인공이 되려고 하지 말아야 한다.

어떤 모임에서 분위기 메이커 덕분에 즐겁거나 불쾌한 기분이 들었던 경험이 있을 것이다. 서먹하거나 어색하지 않은 분위기를 만들기 위해 말문을 열고, 다른 사람이 대화에 자연스럽게 끼어들게 돕는 분위기 메이커가 있는 자리는 즐겁다.

반면 시종일관 자신이 대화의 사회자라도 된 양 주도권을 쥐는 사람이 있는 자리는 괴롭다. 그는 자기 말에 집중하다 다른 사람이 현재 분위기를 어떻게 느끼는지 파악조차 하지 못한다.

대화는 반드시 소통이라는 전제하에 이뤄져야 한다. 소통의 전제조건 역시 쌍방향이다. 연설이나 강연도 공감의식이라는 분위기 조성면에서 소통이 필요하다. 쌍방향 소통을 잘하는 사람이야말로 진정한 의미의 분위기 메이커다. 그들은 분위기의 흐름을 잘 알며 말을 독식하려는 마인드가 없다. 말을 분배하고, 듣는 사람들의 관심 소재를 파악하며, 서로의 뜻이 잘 전달될 수 있도록 주도할 때 좋은 인상과 호감을 남기는, 말 잘하는 사람이 될 수 있다.

소통의
다양한 색채

무명 때나 신인 때는 팬들과 자주 만나고 기자들과도 자주 만나며 연락을 주고받다가도 일단 뜨고 나면 직접 소통이 크게 줄어드는 게 스타다. 전처럼 자유롭게 연락이 닿지 않는 경우도 허다하다. 개인의 성격 탓일 수도 있고 소속사지시에 따른 것일 수도 있다.

아예 은둔형 스타로 굳혀서 활동이 없을 때는 칩거에 들어가거나 낚시, 산악 등 취미활동으로 대인관계나 운신의 폭을 스스로 좁혀 버리는 사람도 많다.

나의 오래전 친구인 배우 주진모의 경우는 본래 활동적으로 누군가를 만나는 성격이 아니었다. 그러다 보니 바쁘지 않은 시간에는 혼자 낚시를 다니는 등 혼자만의 시간을 보내곤 했다. 무명 때부터 즐긴 낚시를 오히려 연기활동에 매진하는 에너지로 사용하는듯 했다. 등산에 대한 열정이 남다른 개그맨 이봉원은 비활동 기간에 산악을 즐기고 히말라야 트래킹을 다녀올 정도로 좋아했다. 그런 시간을 통해 스스로 재충전을 하는 셈이었다.

반면, 유명해진 뒤에 오히려 예전처럼 팬들이나 기자들과 소통을 못 해 아쉬워하는 사람들도 많다. 그들은 SNS를 통해 새로운 활동의 장을 찾은 듯하다. 글이나 사진을 통해 근황을 알리고 어떤 현안에 대한 자신의 입장을 공개하며 사회 현상에 대한 의견을 펼치기도 한다. 팬들은 그들의 글이나 사진 등으로 스타의 근황을 알게 된다. 그러다 보면 연애설이나 결별이 퍼즐 조각 맞추듯 유추되기도 한다.

SNS는 스타와 팬이 좋은 일에 함께 동참하기도 하고 뜻을 나누는 소통의 창구가 된다. 제주 시민이 된 그룹 「쿨」의 이재훈은 태풍으로 해안 쓰레기가 쌓인 것을 발견하고 청소에 동참해 줄 시민들의 자발적 참여를 독려했다. 이 일을 계기로 팬들 뿐 아니라 시와 인근 주민들 역시 팔을 건

호감의 기술

어붙이는 일이 있었다.

하지만 얼굴을 마주 보고 소통하지 않는 SNS의 특성상 반대의 경우도 속출한다. 상대의 입장과 마음을 신중히 고려하지 못하고 자신의 생각만으로 실수를 범하는 경우도 많다.

정치인들의 경우는 조금 더 예외적일 때가 많다. SNS를 홍보수단으로만 여기는 건 아닌가 의심될 때가 많다. 사회적으로 이슈가 되고 문제가 되는 일들에 있어 국민이 이해하고 납득되는 견해를 내놓기보다 자신의 업적이나 경력을 업데이트하는 용도로 쓰는 일이 많은 듯하다. SNS나 방송을 하는 일련의 모든 행위는 진정한 소통을 위한 것일 때 행위의 명분이 뚜렷해진다.

말보다 소중한 것들,
나눔으로 소통한다

말은 소통의 중요한 수단이지만 말로 다 표현할 수 없는 진심이 있다. 때론 말로 표현하기에 어려운 일도 있고 빈번하게 소통하기 어려운 대상인 경우도 있다. 그런 경우 말보다 행동으로 소통해야 하는 경우가 생긴다. 이때 가장 중요한 품성이 진정성이다. 보여주기식 행보를 하는 정치인이 대중의 비난을 자처하는 경우가 있다. 카메라가 있는 곳과 없는 곳이 다르기 때문이다. 반면 남들이 없는 곳에서도 꾸준히 이웃을 돌보고 복지를 걱정하는 정치인이나 연예인은 따뜻한 지지와 응원을 넘치도록 받는다.

예로부터 우리는 언행일치의 중요성을 배우며 자랐다. 행

호감의 기술

동이 수반되지 않은 말은 공허한 메아리나 껍데기에 지나지 않는다. 그렇기 때문에 옳은 말을 주야장천 해대도 움직이지 않는 사람은 대중의 외면을 받기 마련이다. 말로 외치기보다 행동으로 솔선수범하고 사랑을 베푸는 모습이 진정성으로 인정될 때 많은 사람은 신뢰를 더 한다.

사람이 살면서 버리기 힘든 일이 의식주와 돈에 대한 몰입이다. 돈에 대한 욕망과 집착은 갈수록 갈증을 불러일으킨다. 도저히 만족할 수 없는 심리가 인간 밑바닥에 자리하고 있다. 그러니 나누는 정신을 실천하는 사람들을 존경하고 본받으려는 게 아닐까.

누군가는 부자라서 나눌 수 있는 것이라고 말하지만 많이 가졌다고 나눌 수 있는 건 아니다. 나누고자 하는 마음이 준비되고 그것이 생활에서 뒷받침되며 실천할 때라야 가능한 일이다.

연말연시가 되면 곳곳에 훈훈한 뉴스가 들린다. 신원을 밝히지 않은 어느 노인의 돼지저금통, 기초생활보장 수급자 할머니가 30여 년간 모은 1000만원을 자신보다 더 불우한 이웃을 위해 기부했다는 소식들은 그야말로 뭉클하다.

세상이 각박하고 냉혹하다고 하지만 주위를 둘러보면 이처럼 따뜻한 마음이 소리소문없이 움직이고 있다. 이런 이유로 세상이 아직 살만한 곳이 아닌가 싶다. 대중의 사랑을 먹고 사는 연예계도 예외는 아니다. 데뷔한 지 얼마 되지 않은 신인 스타부터 후배들의 모범이 돼야 하는 중견 스타들까지 조용히 나눔을 실천하고 있기 때문이다. 개인 고객 기부자 클럽에 이름을 올린 스타도 한둘이 아니다. 나이와 성별을 불문하고 스타들의 기부 행보는 활발하게 이뤄지고 있다. 이들의 공통점은 조용히 선행에 참여한다는 데 있다.

이렇게 열심히 번 노동의 대가를 이웃을 위해 나누는 스타도 많지만, 함께 호흡하고 감정을 교류하고 어려움을 나누기 위해 봉사에 나서는 스타도 적지 않다. 배우 정우성은 소박한 심성을 지녀 팬들의 호감을 꾸준히 받고 있다. 유엔 난민기구 친선대사로 활동하며 매니저나 일행 없이 네팔과 남수단, 레바논 같은 척박한 지역을 방문해 그들을 보듬고 현실적 대책 방안 등을 세상에 알리는데 앞장서고 있다.

그는 평생토록 "가난을 극복해 다른 삶을 만들어야 한다는 생각이 줄곧 있었다"라고 밝혔는데, 그의 희망찬 다짐이 밝은 미래를 가져온 셈이다. 난민 대사를 하면서 자신이 더

호감의 기술

받는 게 많다고 하니 나눔의 기쁨은 실로 대단하다.

알코올 중독자 아버지와 마약중독자 형, 유일한 생계를 짊어지고 있는 어머니 사이에서 자란 축구 스타 크리스티아누 호날두도 있다. 그는 발작적으로 맥박이 빨라지는 발작성 빈맥증을 앓고 있었는데 수술을 해야 축구선수로 다시 뛸 수 있었다. 그의 수술비를 마련하기 위해 아버지와 형은 술과 마약을 끊고 수술 비용을 마련하기 위해 취직을 해 온 가족이 열심히 모은 돈으로 수술을 받았다. 수술은 성공적이었고 그렇게 최고 스타로 거듭났다. 그는 가난을 딛고 인생의 승리자가 되었다. 가족과 힘든 사람들을 돌보는 진정한 선행을 하는 사람이 되었기 때문이다. 그는 자신의 도움이 필요한 여러 지역에 천문학적인 기부를 지속하고 있다. 그야말로 국경을 초월한 귀감이 아닐 수 없다.

사랑한다면
이들처럼

우리 사회는 핏줄과 혈연을 중시하는 습성이 강하다. 내 자식은 사랑하지만 남의 자식은 그렇게 대하지 않는 경향도 많다. 핏줄에 대한 깊은 편견이 뿌리 박혀 있는 탓이다. 그러다 보니 입양이 널리 보편화 되지 못했다.

이런 사회 분위기 속에서 커다란 깨우침을 준 사람이 배우 신애라다. 그녀는 방송이나 강연을 통해 입양이 주는 가정의 행복에 대해 적극적으로 이야기해왔다. 남편 차인표와 사이에 직접 낳은 아들과 나머지 자녀 둘이 더 있다. 입양의 계기는 신애라가 대한사회복지회 봉사 참여로 시작됐다. 그곳에서 두 딸과 차례로 인연을 맺었다는 신애라는 결혼 전부터 입양에 관심을 기울여 왔다. 그녀는 어느 책에서, '낳은 자식 수보다 많은 아이를 입양하는 게 좋다'는 글을 본 일이 있다고 밝혔다.

내 자식만 소중하고 남의 자식은 귀하게 여기지 않는 이기주의 팽배한 우리 사회에 경종을 울린 실천이 아닐 수 없다. 더불어 세상을 움직이는 힘이 사랑이라는 걸 입증한 모범 사례다. 신애라 차인표 부부는 직접 낳은 아이와 가슴으로 나은 자식에 대한 차별 없이 물심양면 아낌없는 사랑을 쏟아붓고 있다.

입양으로 아픔을 치유한 경우도 많다. 세상과 단절되거나 큰 아픔을 겪은 사람일수록 사랑을 더 많이 나누고 퍼주어야 한다는 생각이 입양으로 이어지는 계기가 되기도 한다. 사랑은 주면서 받는 것이고, 상대를 치유하기 위해 사랑을 주는 동안 나 역시 사랑을 받으며 치유된다.

시대를 거치며 스타의 이름은 바뀌었지만 시대별로 언제나 국민 여동생이 있었다. 70년대에는 중견 가수 이수미가 국민 여동생 스타 중 한 명이었다. 그녀는 밝고 찬란한 스타로 살았지만, 이면에는 고통스러운 날도 많았다. '여고 시절'로 일약 스타덤에 오를 무렵 괴한의 피습을 당했고 하복부를 심하게 다쳐 아이를 가질 수 없는 몸이 되었다. 그 뒤 이를 악물고, 〈내 곁에 있어주〉라는 노래로 재기에 성공했지만, 대마초를 피우던 사람과 가깝게 지냈다는 이유로 출연금지를 당했다. 거기다 그녀를 둘러싼 사망설, 정신병원 입원설 같은 루머는 실제로 그녀를 우울증과 실어증에 시달리게 만들었다. 그렇게 어려운 시기를 지나며 봉사를 하게 되었고 한 아이를 만나게 된다. 이후 엄마와 딸의 인연을 맺게 된 때가 그녀 나이 44세, 아이는 중학교 3학년 무렵이었다. 결혼하지 않은 몸으로 자신을 엄마라고 부르는 아이를 딸로 맞아 들였고 지금까지도 서로에게 의지하며 사는 모녀가 되었다. 가슴으로 낳은 딸을 통해 충격과 상처로 뒤 덮인 가수 이수미의 인생은 치유 되었다.

이처럼 입양을 통해 직접 사랑을 베푸는 일을 실천하는 사람 외에도 사회에 발전상을 촉구하는 계몽 차원의 활동을 펼치는 사람도 많다. 사진작가 조세현은 연말 사진전을 통해 온화한 미소와 사랑스러운 모습이 담긴 아이들의 사진전을 연다. 바로, '천사들의 편지' 전시회다. 그는 지난

호감의 기술

2000년부터 입양아, 노숙자, 장애인, 소수민족, 등 소외계
층을 위한 재능기부활동을 전개해왔다. 그는 지난 공로를
인정받아 대통령 표창을 비롯해 UN 난민기구 공로상, 문
화봉사 표창장등을 수상했다. 꾸준히 '천사들의 편지' 캠페
인을 해온 이유에 대해 그는 이렇게 밝혔다.

"입양아 사진전으로 희망과 공감을 주는 촛불이 되고 싶
다."

그의 뚝심 있는 행보는 여전히 입양에 선입견 강한 우리
사회에 경종을 울리는 한편 개선의 방향을 제시하는 의미
를 지닌다.

더불어 사는 존재에 대한
소중함을 실천하는 사람들

　가끔 TV 고발 프로그램을 통해 접하게 되는 부모 학대
나 자녀 학대 소식에 나를 포함한 많은 사람이 공분한다.
가족 사이의 정이나 부모 형제와의 우애는 먼 옛날이야기
인 양 세상이 각박하고 살벌해지고 있다. 가끔 사회 보도
뉴스를 다룰 때 패륜 관련 소식을 전할 때가 있다. 자녀를
학대해 죽음에 이르게 한 뉴스를 보도할 할 때면 감정 조
절이 되지 않을 정도의 분노와 함께 참담함을 느낄 때가
많다. 인간이어서 슬프거나 부끄러운 건 사람과 사람 사이
에서 벌어지는 막장 수준의 사건 외에도 있다. 지구상에 인
류가 존재하며 자연의 일부인 동물과 식물을 함부로 대하

호감의 기술

며 저지르는 만행에도 참담함을 느낀다.

　지난해 「동물농장」에서 판매용 강아지를 공급하기 위해 번식 공장의 수많은 모견이 조명된 일이 있다. 새끼를 공급하는 수단으로만 존재하다 처참히 버려지는 실태가 보도되면서 충격은 극에 달했다. 반려견을 아끼는 사람뿐 아니라 일반인들까지 분노했고 동물보호법 제정을 위한 온라인 서명운동으로 번지며 세상에 상식을 보여줬다.

　과거 집에서 키우는 개나 고양이를 애완동물이라고 부르는 것은 인간에게 종속된 동물이라는 뜻이 강했다. 하지만 최근 몇 년 전부터 애완견 혹은 애완동물이란 표현이 많이 사라졌다. 인간과 더불어 사는 동물의 소중함에 대한 의식이 한층 높아졌기 때문에 지금은 동무라는 뜻이 가미된 반려견 혹은 반려동물이라는 표현을 더 많이 쓴다. 반려동물은 바쁘고 외로운 현대인들에게 소중한 벗이다. 그리고 가장 가까운 친구이자 동반자가 됐다.

　이렇게 귀한 친구이자 반려견을 사랑하고 아끼는데 꾸준한 활동을 하는 스타들도 많다. 이들은 유기견 보호소에서 꾸준히 봉사하며 동물 사랑을 실천하고 있다. '유기견 수호

천사'로 활약하고 있는 것이다. 대표적인 유기견 봉사활동 스타가 이효리다. 그녀는 동물보호시민단체 카라의 회원으로 활동 중이다. 특히 이효리는 봉사활동에서 만난 순심이를 입양해 행복한 일상을 담은 화보집를 내기도 했다.

최근 영화 「럭키」와 드라마 「월계수 양복점 신사」 등을 통해 더 큰 인정을 받은 배우 조윤희도 대표적인 동물 사랑 연예인이다. 그녀는 유기견 입양과 보호소들의 열악한 상황을 알리며 따뜻한 활동을 이어가고 있다. 직접 9마리를 입양하고, 유기견 캠페인 방송에 출연해 유기견들에게 사랑의 손길을 전하는 등 적극적으로 동물보호 활동에 앞장서고 있다. 방송인 이경규도 동물 사람이 남다르다. 평소에는 '버럭'의 아이콘으로 통하는 그가 「남자의 자격」에서 입양한 남순이의 근황을 최근 방송을 통해 공개해 반가움을 주기도 했다.

한 해 버려지는 유기견 문제를 걱정하며 인간이 함부로 키우고 버리는 반려동물에 대한 경각심을 일깨워줬다. 진심 어린 마음에서 시작해 행동으로 옮겼고 그 행동을 꾸준히 한결같은 마음으로 실천해 오고 있기에 더불어 사는 존재들에 대한 소중함을 새삼 깨닫게 되는 듯하다.

호감의 기술

잘난 척하는 삶을 지양해
호감을 유지하는 삶

드라마나 영화도 보는 사람 입장에서 내용이 뻔한 작품은 매력이 없다. 생각을 뛰어넘는 전개나 예상을 벗어난 결말 등 반전이 있는 작품이라야 몇 배의 재미를 느낀다. 사람도 반전이 있는 누군가의 모습에 더 많이 끌린다. 이것을 '갭모에'라고 표현하기도 하는데 게임이나 애니메이션 등의 캐릭터가 평소에는 보여주지 않는 모습이나 행동으로 사람의 마음을 잡아끄는 힘을 말한다. 쉽게 말해 반전매력이다.

'사치스럽고 까다로울 줄 알았는데 알고 보니 소박하고 털털하다'라는 사람에 대한 평가는 언제나 매력과 호감을 준다. 화려한 스포트라이트를 받는 스타들은 소박한 것과 거리가 멀 것 같이 느껴진다. 비싼 옷에 좋은 음식, 고가의 물건만 선호 할 거 같기도 하다.

하지만 연예인들이라고 먼 세상 전혀 다른 존재가 아니다. 그들도 아끼고 소박한 삶을 즐기는 것의 미덕을 안다. 물론 사치스러운 것을 좋아하는 스타가 없다는 건 아니다. 그러나 연예계 전반 분위기로 봤을 때 일과 평소 생활을 철저하게 분리해 인생을 설계하는 사람이 더 많다.

요즘은 그런 변화가 더 또렷해지는 분위기다. 몇 년 전까지만 해도 스타가 결혼한다고 하면 기본으로 다이아몬드 몇 캐럿에 예식장은 언제나 최고급 호텔이고 웨딩드레스는 수천만 원을 호가하는 일이 다반사였다. 신혼여행을 어디로 가는지와 결혼 전반에 보이는 호화로운 소식은 대중들의 상대적 박탈감을 자극하기도 했다. 일반 직장인들이 1년 동안 한 푼도 쓰지 않고 모아야 겨우 입을 수 있는 정도의 웨딩드레스 값이라니.

하지만 결혼식 규모와 실제 결혼 생활의 행복은 그다지 연관성이 없다는데 많은 이들이 공감할 듯하다. 화려한 결

호감의 기술

혼식과 거기에 유명 하객을 초대하고 언론과 팬들의 관심으로 소란스러운 결혼보다 소박한 결혼을 선호하는 추세가 뚜렷해지니 말이다.

스몰웨딩의 선두주자는 제주도 신혼집 앞마당에서 자신이 직접 만든 드레스를 입고 결혼한 이효리다. 그 이후 연예인들의 결혼을 보는 사회적인 시각에 변화가 생겼다. 일반인들에게도 좋은 영향을 끼쳐 실제로 놀이터 결혼식, 한옥집 앞마당에서 치루는 결혼식 같은 스몰웨딩이 많이 생겼다. 원빈과 이나영의 밀밭 결혼식은 고향에 대한 소중함을 잊지 않은 메시지를 남겼다. 더 나아가 기부 웨딩으로까지 발전되는 일도 잦아졌다. 구혜선과 안재현은 결혼당일 날 예식을 생략하고 세브란스 병원을 방문해 기부금을 내는 것으로 부부 신고식을 치렀다.

드라마 출연으로 부부의 연을 맺게 된 두 사람은 촬영 당시 병원신이 있을 때마다 어린이 환우들을 자주 만나며 도울 방법을 고민해 왔다는 것이다. 결국 결혼식 예식에 들어가는 비용을 뜻깊은 일에 쓰는 것으로 부부의 첫발을 내디뎠다.

기부웨딩을 실천한 구혜선 안재현 커플은 일터에서 사랑도 찾았고 사랑을 나눔으로 실행하면서 이 시대의 결혼의 의미를 되새기는 계기를 마련했다. 그 밖에도 유지태, 김효진부부와 여배우 박진희 역시 기부웨딩의 좋은 본을 보인 스타다.

일류지대사인 결혼을 통해 반전매력을 팬들에게 선사해 큰 호감을 얻을 뿐 아니라 인생의 참된 가치가 무엇인지 돌아보는 계기를 준 것이다. 그야말로 작은 결혼, 큰 감동이 아닐 수 없다.

호감의 기술

셀프 테스트– 나는 호감형?

(답이 6~7개 일치면 완전 호감형, 4~5면 호감형, 3개 이하면 호감이 무엇인지 생각하고 생활 속에서 호감을 주는 사람이 되기 위한 노력을 기울여야 한다)

1. 주변에 사람들이 많은 편이다.

2. 평소 호감형이라는 말을 많이 듣는다.

3. 처음 본 사람들과 쉽게 친해지는 편이다.

4. 남의 이목을 많이 신경 쓰는 편이다.

5. 어려운 처지에 있는 사람을 돕지 않고는 못 배긴다.

6. 힘든 일이 있을 때 힘들다는 것을 타인에게 알리는 편이다.

7. 사람들이 내게 고민 상담을 많이 하는 편이다.

호감을 받는 사람들의 삶의 철학은 더불어 살아가는 지혜

사랑의 감정은 화수분과 같아서 한번 시작되면 부족한 줄 모르고 넘친다. 누군가에게 사랑을 쏟아붓기 시작하면 오히려 되돌아 나에게 더해지곤 한다. 사랑을 받은 그가 내게 사랑을 돌려주지 않아도 누군가에게 준 사랑은 그 마음의 진가를 다른 이에게 인정받기도 한다. 그것이 사랑의 융통성이다. 사랑을 준 누군가 나에게 돌려주기도 하지만 사랑의 에너지는 무형의 감정이기에 마치 덕을 쌓듯 퍼지고 쌓여 모두를 끌어안는다.

사랑이 풍부하고 주는데 아낌없는 삶의 철학은 전염병처럼 널리 전파돼 긍정의 에너지를 심어주고 존중을 받게 한다. 사랑이 넘치는 이의 곁에는 언제나 넘치는 사랑과 사람이 남는다. 호감의 원천 중에 가장 으뜸 원천이 바로 사랑이다.

묵가의 창시자인 묵자(묵적)는 춘추전국시대 활동했던 공자 이후 주요 사상가인데, 그의 철학에 있어 핵심은 '겸애'라 할 수 있다. 묵자는 사람들이 서로 똑같이 사랑하고 이롭게 하자고 주장하였다. 묵자가 보기에 당시 사회에서 가장 큰 폐해는 나라와 나라 사이의 전쟁이고 사람과 사람 사이의 쟁탈이었다. 그리고 수 없는 분쟁과 쟁탈의 원인을 사람들이 서로 사랑하지 않는 데 있다고 보았다. 문제만 찾아내고 짚은 것이 아니라 그는 자신의 철학적 신념을 바탕으로 나름의 해법을 제시한다.

인간사의 전쟁이나 분쟁, 쟁탈 등 화합하지 못하는 이러한 모든 문제를 해결하려면 국가와 국가, 그리고 사람과 사람이 서로 사랑하고 서로 도와야 한다고 주장했다. 묵자는 천하가 어지럽게 된 근원을 '서로 사랑하지 않음' 때문이라고 보고, 사람들이 서로 똑같이 사랑하고 서로 이롭게 하자고 하였다. 이러한 그의 주장을 간단히 줄여서 겸애(兼愛)라 부른다.

집필을 마무리해 갈 무렵, '나는 왜 이 책을 쓰는가?'에 대해 생각해봤다. 나는 이 책을 통해 자기 PR 시대에 무엇보다 중요한 호감에 대해 폭넓고 깊게 논하고 싶었다. 하지만 집필 과정 동안 글이 더 이상 써지지 않는 순간도 있었고, '내가 호감에 관해 이야기할 자격이 있는가?'에 대한 물음도 있었다. 나 역시 호감과 비호감이라는 대중의 평가를 받아야 하는 사람이니 말이다. 하지만 집필을 계속하는 동안 그 목적성에 깊이 통감하며, 맺음말을 쓸 수 있는 시간이 왔다.

나는 이 책에 담긴, 호감이라는 감정을 통해 누구라도 '역지사지'의 마음을 가질 수 있기를 바란다. 자신에게는 너그럽지만, 남에게는 냉정한 평가를 일삼는 우리 사회가 조금 더 너그러워지기를 바란다. 대인관계 속에서 서로를 이해하는 마음으로 바라보고 다른 이의 잘못된 이미지에 대해 성숙하고 건설적인 견해를 주는 관계가 되기를 말이다.

더불어 누구에게도 부담을 주지 않는 사람. 단점을 보완하고, 나와 가장 잘 어울리는 이미지 메이킹으로, 호감으로 똘똘 뭉친 나를 PR할 수 있기를 바란다. 사람은 사회 속에서 살아가는 동물이다. 그러니 어디서든 존재감과 관심을 받고 싶어 한다.

이 모든 감정이 통틀어 호감이다. 사람은 누구나 사랑에 대한 갈구가 있다. 누구에게라도 좋아 보이고 싶은 게 사람이다. 하지만 잘못 만들어진 이미지나, 다듬지 못한 첫인상 때문에 호감의 대상에서 제외된다는 건 정말 불행한 일이다.

이 책을 쓰는 동안 필자도 끊임없이 스스로 묻고 대답했다.

'나는 호감의 대상인가?'

'호감의 대상이 되기는 했었을까?'

'지금 나는 누구에게 호감을 느끼고 있을까?'

'다른 사람은 나의 어떤 면에 호감을 느낄까?'

'나는 다른 이의 어떤 면에 호감을 느낄까?'

이런 물음에 부단히 묻고 답을 찾았다. 물론, 그 답은 아직도 명쾌하지 않다. 호감이라는 감정에 대해서는 이 세상을 떠나는 그 날까지 연구해야 하는 애증의 과제가 아닐까 하는 생각도 했다. 그리고 '일생 동안 적어도 비호감이 되지는 말아야겠다'라고 다짐했다.

상식을 벗어나는 말과 행동을 삼가고, 정도를 벗어나는 처신없이, 겸손한 자세로 일생을 살아야겠다는 마음도 가져본다. '세상에 나보다 못한 사람은 없다'라는 낮은 자세로 최선을 다하는 삶 말이다.

사람은 자신을 피력하려 들수록 초라하고 불쌍해진다. 내가 잘나고 똑똑하고 특별하다는 걸 부각 싶어 할수록 존경심은커녕, 혀를 끌끌 차게 될 확률이 더 높아진다. 늘 겸손한 자세를 지키며 최선을 다하며 살다 보면 나도 모르는 사이 진가는 빛나게 된다.

그 순간이 되면 내가 나를 높이지 않아도 남이 나를 높여주고 나를 우러러 봐주는 호감의 대상이 되는 것이다.

호감의 기술

초판 1쇄 인쇄 2017년 5월 22일
초판 1쇄 발행 2017년 5월 29일

지 은 이 백현주
펴 낸 이 김승호
펴 낸 곳 스노우폭스북스

기   획 양지열 최영일
진   행 이언경
책임편집 서진
편   집 민기범 박지수
마 케 팅 김정현 김천윤
디 자 인 이창욱

주   소 경기도 파주시 문발로 165, 3F
대표번호 031-927-9965
팩   스 070-7589-0721
전자우편 edit@sfbooks.co.kr

출판신고 2015년 8월 7일 제406-2015-000159

ISBN 979-11-88331-00-0 03320
값 14,000원